DON BOSCO

Für Benjamin und Eva,
Zora, Gina, Jeffrey, Teresa, Vincent
und alle anderen Kinder,
über deren Bilder ich staunen durfte

Ingrid Gnettner

Kunterbunt und kreativ

Malen, Basteln und Gestalten in Krippe, Kita und Eltern-Kind-Gruppen

DON BOSCO

Gerne nehmen wir Ihre Anregungen, Wünsche, Kritik oder Fragen entgegen:
Don Bosco Medien GmbH, Sieboldstraße 11, 81669 München
anregungen@donbosco-medien.de
Servicetelefon (089) 48008-341

Bibliografische Information der Deutschen Nationalbibliothek
Die Deutsche Nationalbibliothek verzeichnet diese Publikation in der Deutschen Nationalbibliografie; detaillierte bibliografische Daten sind im Internet über http://dnb.d-nb.de abrufbar.

1. Auflage 2013 / ISBN 978-3-7698-2012-6

www.donbosco-medien.de
Umschlag: ReclameBüro, München
Fotos: Ingrid Gnettner
Illustrationen: Eva Gnettner
Notensatz: Nikolaus Veeser, Schallstadt
Satz: Don Bosco Kommunikation GmbH, München
Produktion: Don Bosco Druck & Design, Ensdorf

Gedruckt auf umweltfreundlichem Papier

Inhalt

Zum Anfang

Kinder entwickeln sich

Kleine Kinder werden in eine Welt hineingeboren, die für sie ganz und gar unbekannt und spannend ist: ein großes Entdeckungs- und Erfahrungsfeld für alle Sinne. Kein Wunder also, dass Kinder von Natur aus neugierig sind und voller Lust forschen und experimentieren. Wie fühlt sich das Leben an, wie schmeckt es, riecht es, klingt es – wie sieht es aus und wie verhält es sich, wenn ich mit ihm in Berührung komme?
Kleine Kinder, vorausgesetzt, sie sind gesund und wachsen in einer Umgebung auf, die ihre Entwicklung fördert, lernen auf diese Weise Tag für Tag und entfalten ihre Möglichkeiten. Alles, was sie im Normalfall dazu brauchen, ist eine liebevolle und verständige Begleitung durch uns Erwachsene und genügend Anregungen, die dem Alter des Kindes entsprechen und ihm einen guten Weg bereiten, der sie weder überfordert noch unterfordert.

Was für wunderbare Begriffe hat unsere Sprache hier: Entwicklung und Entfaltung! Es ist im Grunde alles im Kind vorbereitet – es muss nur genügend Zeit und gute Bedingungen bekommen, um sich auszubilden und zu zeigen.
Vielleicht kennen Sie das afrikanische Sprichwort:
Das Gras wächst nicht schneller, wenn man daran zieht.

Ein wichtiger Satz, finde ich, den man sich immer wieder bewusst machen sollte, wenn man mit der Erziehung von Kindern zu tun hat und dazu neigt, ungeduldig zu werden und zu viel zu wollen.
Auch der oft zitierte Hinweis von Maria Montessori, formuliert als Bitte des Kindes: „*Hilf mir, es selbst zu tun!*", kann interpretiert werden als:
Begleite mich mit deiner Hilfe, wenn ich sie brauche,
aber lass mich der werden, der ich bin!

Raum für Kreativität

Diese Achtsamkeit des Erwachsenen und seine Akzeptanz gegenüber den Eigenheiten und Gaben, die ein Kind mitbekommen hat, der sorgsame Umgang mit Stärken und Schwächen und die Förderung seiner Fähigkeiten – das ist in allen Bereichen der Erziehung wichtig.

Kreativität ermöglichen

Manchem fällt es nicht leicht, die Kinder lernen zu lassen und sie nicht nur zu (be-)lehren. Einen großen Freiraum, für uns und die Kinder, können wir uns dabei auf dem Gebiet des kreativen Gestaltens schaffen.
Schon der Begriff „Kreativität“ (vom lateinischen „creare“ = „(er)schaffen“) deutet darauf hin, worum es eigentlich geht: Neues und Eigenes auszudrücken und darzustellen. Im kreativen Arbeiten erleben wir die Begeisterung beim Tun und oft auch die Freude und das Staunen über das selbst Erschaffene.
Kreatives Tun hat kaum etwas mit vorgegebenen Gestaltungsaufgaben zu tun, vor allem bei kleinen Kindern, die am Anfang ihrer Zeichen- und Malentwicklung stehen, die im Grunde allein auf eigenen Erfahrungen, auf Ausprobieren und Erforschen basiert (s. auch S. 29: „Ein kleiner Exkurs in die Entwicklung der Kinderzeichnung“).
Auch das in Kindertagesstätten übliche angeleitete Basteln ist eher eine Einübung in Fertigkeiten wie zum Beispiel Schneiden mit der Schere und Kleben, also nicht so sehr eine Sache der Kreativität, sondern der Förderung der Feinmotorik. Für größere Kinder ab etwa vier Jahren bekommt dieser Bereich mehr Wichtigkeit und macht den Kindern meist auch viel Spaß. Trotz allem sollte auch hier genügend Freiraum für Individualität und Eigen-Art bleiben. Wie trostlos ist in manchen Kindergärten nach wie vor die uniforme Schablonenproduktion, bei der sich die Werke oft lediglich in der Farbe des Papiers unterscheiden!

Je kleiner die Kinder sind, umso mehr liegt der Schwerpunkt beim kreativen Gestalten auf dem eigenen, selbst bestimmten Tun und nicht auf dem Endprodukt.

Ihr Arbeiten bezeichnen wir als prozessorientiert und nicht als produktorientiert. Ausprobieren, wiederholen, variieren, nachahmen, aufbauen und wieder zerstören, untersuchen und die Grenzen ausloten – das sind einige der wesentlichen Schritte ihres Handelns.
Wie so oft gilt auch hier:

Der Weg ist das Ziel!

Wie sonst wäre es zu erklären, dass ein Kind mit Hingabe malt, die Farben verteilt, auf dem Blatt verreibt und erst seine Arbeit beendet, wenn die ersten Löcher und Risse im Papier entstehen? Durchaus zufrieden wirkt das Kind, wenn es das „fertige Produkt“ zusammenknüllt, in den Abfall wirft und vielleicht nach dem nächsten Papierbogen verlangt.
Enttäuscht sind lediglich die Erwachsenen, die es gewöhnt sind, dass Arbeit ein Ergebnis haben muss, denn nur so ergibt sie einen Sinn.
Für die Kinder aber liegt der Sinn in der Freude beim Schaffen, in den Erfahrungen, die sie machen, und in den Veränderungen, die sie bewirken.

Zu diesem Buch

„Kunterbunt und kreativ“ ist eine Einladung an alle Erwachsenen, mit Kindern Farben, Formen, Bewegung und die eigenen Kräfte im Gestalten zu entdecken. Wie wichtig dabei ein großer Freiraum ist (zeitlich, räumlich und im Hinblick auf verfestigte Ansprüche und Vorstellungen), ist auf den vorhergehenden Seiten schon beschrieben.

Bitte zum Lesen und Ausprobieren mitbringen:

- Neugierde
- Offenheit
- Lust zum Experimentieren
- Bereitschaft, alte Wege zu verlassen
- Eigeninitiative

Da Eltern oft ihre eigenen Erwartungen an ihre Kinder haben, auch an das, was Kinder malen und basteln, ist es sinnvoll, ihnen einen Einblick in die Entwicklung der Kinder auch auf diesem Gebiet zu geben (s. S. 28ff), vielleicht Literatur zur Verfügung zu stellen oder sogar einen Elternabend zu diesem Thema anzubieten. Noch schöner und eindrucksvoller ist es, wenn Erzieher, Eltern und Kinder gemeinsam in einem „Workshop“ im Kindergarten Erfahrungen sammeln und mit Lust und Freude miteinander kreativ sein können!

Sehr verständlich ist trotz allem der Wunsch der Eltern, Werke ihres Kindes mit nach Hause zu nehmen, aufzuhängen und zu sammeln.
Und wer freut sich nicht über ein selbst gebasteltes Geschenk des kleinen Sohnes oder der Tochter!
Im Abschnitt „Geschenke aus der Kinderwerkstatt“ (S. 85ff) finden Sie Anregungen, wie in einfacher und kindgemäßer Weise schöne Dinge für Muttertag, Weihnachten oder andere Gelegenheiten entstehen.

Wie sich Malereien von kleinen Kindern in dekorativen Wandschmuck verwandeln können, ist im Abschnitt „Ein Rahmen macht das Bild zum Kunstwerk“ (S. 59ff) beschrieben.

Übrigens: Sollten Sie in diesem Buch selten exakte Anleitungen finden, wie es sonst in Bastelbüchern üblich ist, so ist das gewollt und hat mit dem Thema „Kreativität“ zu tun, bei dem es vor allem um Eigeninitiative, Vertrauen auf neue Ideen und einen großen Freiraum für Ihr Schaffen und die Verwendung des Materials geht. Sie werden nicht so sehr genaue Rezepte zum Nachmachen finden, dafür aber jede Menge Anregungen, Hinweise auf meine eigenen Erfahrungen und hilfreiche Informationen, mit denen Sie arbeiten können.

Den Kindern Ihrer Gruppe wünsche ich viel Zeit und Raum, um in die wunderbare Welt der Farben und Formen einzutauchen, mit der Hoffnung, dass auch Sie den Ballast des Leistungsdrucks, der sich für viele leider auch im Bereich des Gestaltens aufgebaut hat, abwerfen können und die Lust am Kreativen neu für sich entdecken!

Kunterbunte Grüße
Ingrid Gnettner

Bevor wir beginnen

Farben, Pinsel und Papier

Gedanken zum Material

Je kleiner Kinder sind, umso mehr probieren sie neue Dinge mit allen Sinnen aus. Sie schauen, fühlen, hören, riechen – und stecken sie natürlich auch in den Mund. Achten Sie also ganz besonders bei den Kleinsten auf die **Unbedenklichkeit** des verwendeten Materials!
In guten Fachgeschäften und in den Katalogen für Krippen- und Kindergartenbedarf finden Sie die Informationen, die Sie dazu brauchen. „Umweltfreundlich" und „für alle Altersstufen geeignet" sind schon einmal erste nützliche Hinweise. Fragen Sie nach, wenn Sie sich trotzdem noch nicht sicher sind, ob Sie das jeweilige Material mit gutem Gewissen verwenden können!

Papier

Am meisten Freude macht den kleinen Kindern das Malen auf großem, stabilem **Papier.**

Denken Sie daran, das Papier vor der Arbeit rutschfest mit Klebstreifen auf dem Tisch oder Boden zu befestigen. Wer intensiv malt, kann nicht gleichzeitig das Papier festhalten!

Um das vielfältige Material „Papier" kennen zu lernen, seine Eigenschaften zu erforschen, zu knüllen und zu reißen, sollten Sie den Kindern viel Verschiedenes anbieten: dickes und dünnes Papier, glattes und raues, Papier mit Struktur, einfarbiges und gemustertes. Vieles davon findet sich in jedem Haushalt.

Für größere Kinder legen wir – mit ihnen zusammen – eine Mappe an, in der sie unterschiedliche Papiere betrachten und betasten können: von Toilettenpapier über Glanzpapier bis zum Packpapier. Diese Sammlung wächst ständig und wird mit der Zeit zu einem interessanten **„Papier-Museum“,** das uns zeigt, mit welcher Fülle wir es beim Material „Papier“ zu tun haben!

Farben

Probieren Sie verschiedene für Kinder geeignete **Farben** aus, experimentieren Sie mit den Kindern gemeinsam und finden Sie die Lieblingsfarben für Ihre Gruppe heraus. Eine Vielzahl von Farben – auch mit Spezialeffekten – wird inzwischen angeboten. Nur weniges davon brauchen Kinder in ihrem kreativen Alltag.

Als Grundausstattung genügen

- dicke Farbstifte
- Wachsmalkreiden als Blöcke und/oder Stifte
- große einzelne Wasserfarben-Blöcke (Die Näpfchen in Wasserfarbenkästen sind viel zu klein für die ersten Versuche.)
- dickflüssige Farbe auf Wasserbasis (Plakafarbe, Gouache-Farbe usw.), die direkt aus der Tube verwendet, aber auch verdünnt werden kann. Einige wenige Farbtöne reichen aus – zu viel Fülle überfordert oft die Kleinen. Außerdem macht es viel Spaß, Farben selbst zu mischen und dadurch ganz eigene Farbtöne zu erhalten. In Kindergarten-Katalogen finden Sie eine große Auswahl an solchen deckenden Farben, die sich auch zum Malen für Kleine eignen.

Flüssige Farbe kommt nicht immer nur dort an, wo wir sie haben wollen. Also nicht vergessen:

- Malerkittel für die kleinen Künstler
- evtl. Abdeckfolie für Boden, Möbel und Wände – oder gleich einen geeigneten Ort aussuchen, an dem Ordnung und Sauberkeit keine so große Rolle spielt bzw. einen Platz, der einfach gereinigt werden kann
- Zeitungspapier, Küchenrolle und Lappen zum Abwischen

Kleber

Kleister ist der einfachste **Kleber** für kleine Kinder. Er ist kostengünstig, kann großflächig verteilt werden und wird mit den Händen oder einem Pinsel aufgetragen. Er ist leicht zu entfernen, sowohl von Möbeln und dem Boden als auch aus der Kleidung.

Er ist die Grundlage für Kleisterfarbe (s. S. 45) und der wichtigste Klebstoff für Collagen (s. S. 70). Mit ihm kann auch auf Fenster geklebt werden (s. S. 76).

Neben Kleister verwenden wir vor allem Bastelleim (bzw. Holzleim) zum Kleben. Er wird mit dem Pinsel aufgetragen.

Klebstifte sind für kleine Kinder nicht besonders geeignet, ebenso wie Kleber aus der Tube. Stifte werden oft zu weit herausgedreht und zu stark auf das Papier gedrückt, so dass sie bald unbrauchbar sind. Auch der richtige Druck auf Tuben gelingt den Kleinen noch nicht. Beides reizt natürlich auch die kindlichen „Forscher“: Wie weit kann man den Stift herausdrehen? Wie viel Kleber ist wohl in der Tube?

Pinsel und anderes Werkzeug

Ganz abgesehen davon, dass kleine Kinder am Anfang zum Malen nichts anderes brauchen als ihre eigenen **Finger**, mit denen sie den unmittelbaren Kontakt

zu Papier und Farbe erleben, brauchen sie auch später nicht viel Werkzeug für das bildnerische Gestalten.
Breite Borstenpinsel mit kurzem Stiel, Kinderstupfmalpinsel (ähnlich wie Schablonier-Pinsel) und kleine Schwämme genügen auch für die weiteren Experimente mit Farbe.
Spannend ist es für Große und Kleine, mit Gegenständen aus Alltag und Natur zu probieren: Zahn- und Spülbürsten, Stofffetzen, Federn und anderes können eingesetzt werden, und sogar frische Holzstöckchen werden zu Pinseln, wenn wir sie an einem Ende mit dem Hammer breit klopfen!
Je kleiner die Kinder sind, umso dicker sollten die Pinsel sein (und damit natürlich die Pinselstiele).

Unser Materialfundus
Unsere **Schatzkiste** enthält alles, was Kinder zum kreativen Gestalten brauchen können:
Geschenk- und Goldpapier, Kordeln und Schleifenbänder, Stoffreste und Knöpfe, Küchenrollen, Klorollen und verschiedene Pappstücke, kleine Kartons und sonstige Verpackungen ...
Für Kinder ist beinahe alles, was Erwachsene wegwerfen oder achtlos liegen lassen, noch brauchbar und verwertbar. Wie glücklich macht man manchmal Kinder, wenn man ihnen auf ihre Bitte hin ein Stück glänzendes Papier, ein Stoffrestchen oder einen Wollfaden schenkt!
Überlegen wir also gut, was vielleicht doch in die Schatzkiste und nicht in den Abfall wandern sollte.
Haben wir viel solches Material gesammelt, ist es sinnvoll, mehrere Kisten zur Verfügung zu haben und diese auch nicht immer gleichzeitig bereit zu stellen.

Spuren hinterlassen – Zeichen setzen

Die ersten Ausdrucksformen kleiner Kinder

Malen mit (Finger-)Farben

Nicht immer freuen sich Erwachsene, wenn Kinder entdecken, dass das Spiel mit Farbe eine spannende und lustvolle Angelegenheit ist. Keine Wand und kein Möbelstück sind mehr vor den kleinen Händen und ihrer Gestaltungsfreude sicher! Haben Kinder aber die Möglichkeit, ihre Phantasie und Experimentierlust immer wieder auszuleben, bietet man ihnen genug „Arbeitsfläche“ an, auf der sie sich spielerisch entfalten können – große Papierbögen und eine Malwand beispielsweise –, können auch Regeln eingehalten werden, die das Umfeld schützen und vor ungeliebten „Verschönerungen“ bewahren und den Kindern trotzdem einen Freiraum für ihren kreativen Ausdruck schaffen.

Vom Matsch zur Fingerfarbe

Es ist für kleine Kinder ein sinnliches Vergnügen, mit den Händen im Matsch zu wühlen, ob er nun aus Erde, nassem Sand, dem Brei auf dem Teller oder aus Kleister und Farbe besteht.
Meist fühlt sich dieser Matsch glatt und kühl an, weich und glitschig, er quatscht durch die Finger, tropft aus den Händen und lässt sich wunderbar verschmieren.

Die Farbe, die kleinen Kindern am ehesten entspricht, ist wohl die **Fingerfarbe.** Mit ihr arbeiten sie „hautnah“, sie spüren ihre Konsistenz, da kein Werkzeug zwischen ihnen und der Farbe steht. Fingerfarbe, die sich oft ein bisschen wie Pudding anfühlt, regt zum sinnlichen Ausprobieren an.
Die eigenen Hände werden in die Farbe getaucht oder mit den Fingern gegenseitig angemalt, die Handflächen auf das Papier gedrückt oder darauf geklatscht, die Finger ziehen Spuren und reiben hin und her. Die einzelnen Farben werden ineinander gemalt und verändern sich dadurch. Die Kinder machen erste Erfahrungen mit dem Mischen und sind erstaunt, was entsteht, wenn sich zwei Farben begegnen.

Viele Eltern scheuen sich davor, ihren Kindern Fingerfarben anzubieten. Der Aufwand, die Umgebung (Tisch, Boden usw.) abzudecken, um sie vor der Farbe zu schützen, ist ihnen oft zu groß. Auch im Kindergarten wird Fingerfarbe manchmal sehr begrenzt und gesteuert eingesetzt, etwa um einen Handabdruck auf einem Blatt Papier zu erhalten.
Das Experimentieren, die eigene Erfahrung und das selbständige Handeln gehen dabei leider verloren. Dabei sind gerade sie die Basis für Kreativität und Phantasie, die nicht gelehrt werden können, sondern aus dem Inneren jedes Einzelnen kommen und nur dann wachsen, wenn sie mit Verständnis und Offenheit gepflegt werden.
Haben Sie den Mut, diesen „Klatsch-Patsch-Matsch"-Erlebnissen einen Raum zu geben! Und wenn schon keine Räumlichkeiten im Haus dafür da sind – dann gibt es im Sommer den großen „Werkraum Garten"!

Malen mit Fingerfarben macht Spaß!

Beobachten Sie einmal Kinder, die nach eigenen Vorstellungen in Fingerfarbe schwelgen – und sie werden das auf jeden Fall bestätigen.
Trotzdem gibt es immer wieder Kinder, denen es schwer fällt, sich auf diese Farbe einzulassen.

- Haben sie schlechte Erfahrungen gemacht mit „schmutzigen" Händen? („Wie siehst du denn wieder aus!")
- Konnten sie bisher nur wenige unterschiedliche haptische („greifbare") Erfahrungen machen („Lass das, das ist bäh!")?
- Sind sie eher schüchtern und zurückhaltend und brauchen eine einfühlsame Aufforderung und Begleitung, damit sie zu malen beginnen?

Leo steht neugierig am Maltisch, an dem Kinder mit Fingerfarben beschäftigt sind. Als ich ihn frage, ob er mitmachen möchte, verneint er.
Ich spüre, dass es ihm nicht geheuer ist, dass die Farbe direkt mit den Händen in Berührung kommt und nicht mit dem Pinsel aufgetragen wird, dass er aber

trotzdem voller Neugierde die anderen Kinder beobachtet, die offensichtlich viel Spaß an der Aktion haben.
Ich nehme mir selbst ein Blatt und beginne mit roter Farbe in Kreisen zu malen, zuerst nur mit dem Zeigefinger, nach und nach benütze ich die ganze Hand. „Das fühlt sich schön an", sage ich vor mich hin, „so viel rot, und so glatt und rund." Ich bin ganz bei mir, aber Leo steht dicht an meiner Seite und schaut fasziniert zu. In der Mitte meines „Bildes" ist eine kleine weiße Fläche übrig geblieben. „Ich finde, nur rot ist ein bisschen langweilig, was meinst du? Magst du mir in die Mitte einen gelben Fleck malen, Leo? Schau mal, meine Hand ist ganz rot, und ich würde da bloß Geschmier machen." Dabei schiebe ich Leo ganz beiläufig die Schale mit gelber Fingerfarbe zu. „Ich glaube, gelb würde richtig gut dazu passen!", füge ich hinzu.
Leo zögert. Dann steckt er vorsichtig seinen Zeigefinger in den gelben Farbklecks und drückt ihn zaghaft auf den weißen Fleck auf meinem Blatt. Ich bedanke mich bei Leo und sage: „Jetzt gefällt mir unser Bild gut. Das sieht aus wie eine kleine gelbe Sonne an einem roten Himmel."
Nachdem wir uns beide die Hände gewaschen haben, hängen wir unser Bild auf, und ich schreibe unsere beiden Namen darunter.

Haben Sie Geduld mit diesen Kindern, bei denen Sie ja oft nicht wissen, woher ihre Scheu kommt. Die Kinder sollten niemals gezwungen werden – Freiwilligkeit ist oberstes Gebot gerade bei kleinen Kindern!
In freundlicher und verständnisvoller Art können Sie das Kind immer wieder auffordern, beim Malen mitzumachen – aber jederzeit sollten Sie akzeptieren, wenn es ablehnt. Manches Kind braucht auch einfach nur Zeit.
Besteht zwischen Ihnen und dem Kind eine enge Beziehung, kann der Einstieg vielleicht so gelingen:

- Der Erwachsene drückt seine Hand in die Schale mit Fingerfarbe und danach auf ein großes Blatt Papier. Er fragt das Kind: „Möchte deine Hand ganz nah bei meiner sein? Magst du deine Hand hier neben meine drucken?"

- Der Erwachsene hält seine mit Fingerfarben bemalte Hand hoch und fragt das Kind: „Darf meine Hand deine Hand kurz drücken?“
- Eine andere Frage zur „Annäherung“ wäre zum Beispiel: „Hallo, kleine Hand, darf ich ein bisschen mit dir kuscheln?“
- Manchmal gelingt es auch mit einem Reim, zum Beispiel: „Ach, ich bin ja so allein! Wollen wir zwei Freunde sein?“ (Die beiden Hände/Freunde drücken sich.)
- Ganz behutsam erfolgt eine erste Berührung mit Farbe, wenn nur ein Finger des Erwachsenen angemalt ist. „Mein roter Finger würde gerne deinem Finger einen Kuss geben. Darf er?“ Ein passender Vers dazu: „Oh, ich vermiss dich! Komm doch – ich küss dich!“

Anregungen für Fingerfarben-Malereien

Manche Kinder mögen es auch, bevor sie selbst „ins Volle“ greifen, wenn ihre Hand von einem Erwachsenen angemalt wird. Das kann viel Nähe und Zärtlichkeit ausdrücken. Die Kinder drucken dann meist selbst ihre Hand auf das Blatt und freuen sich über das Ergebnis.

Kleines Malspiel
Als Malspiel macht das natürlich noch mehr Spaß, und sicher wird gleich jemand rufen: „Ich auch!“

Große Augen,
Schnuppernase,
lange Ohren –
kleiner Hase!

Auf den Handballen des Kindes werden zwei runde Tupfen als Augen und ein größerer als Nase gemalt. Farbiger Zeige- und Ringfinger werden die beiden Ohren.

Auf ein Blatt Papier gedruckt begleitet uns der Hasenkopf weiter, wenn die Hände längst wieder gewaschen sind.
Natürlich können wir das Druckbild auch noch ergänzen: mit einem großen gemalten Bauch und aufgeklebten Schnurrhaaren aus Wolle oder Papierstreifen.

Malaktion mit Schwung
Meist ist, wenn Kinder malen, der Untergrund zu klein.
Kinder drücken sich mit viel Bewegung aus, sie möchten bis an die Grenzen stoßen, und je enger diese sind, umso mehr werden die Kinder in ihrer gestalterischen Freiheit, ihrem Entdeckerdrang und der schöpferischen Entwicklung eingeschränkt. Wie viel Kreativität geht dabei verloren!
Eine gute Möglichkeit, um diesen Freiraum wenigstens ab und zu zu schaffen, ist eine „Malaktion mit Schwung".
Auf einem großen Tisch (oder mehreren zusammengeschobenen Tischen) wird ein großer Papierbogen befestigt. Da er bis zu den Rändern reicht, erübrigt sich eine zusätzliche Tischdecke als Unterlage zum Schutz der Möbel. Natürlich brauchen die Kinder Malerkittel, und die Umgebung des Tisches sollte weitgehend frei geräumt sein, damit genug Bewegungsraum entsteht und auch nichts bunt wird, was keine Farbe abbekommen soll.
Auf dem Papier stehen stabile große Malschalen mit verschiedenen Farbtönen.
Mehrere Kinder stehen mit genügend Abstand voneinander um den Tisch.
Da der Erwachsene seine Kinder kennt, wird er selbst entscheiden, wie viele und welche Kinder gleichzeitig miteinander arbeiten können. Auf jeden Fall sollte jedes Kind genügend Platz nach beiden Seiten haben, um nicht eingeengt zu werden und sich auch nach vorne strecken zu können. Es geht hier auch um Körperwahrnehmung und das Bewusstsein: „Ich habe meinen Platz und darf ihn ausfüllen!"
Der Erwachsene erklärt den Kindern, dass ein großes gemeinsames Bild entstehen soll und dass alle Kinder die Farben ausprobieren dürfen und herausfinden können, wie man damit malen kann. Damit werden vielleicht gleich am Anfang Streitereien vermieden, die leicht entstehen, wenn ein Kind dem anderen bzw. dessen Bild zu nahe kommt. Auf die Plätze – fertig – los!

Der Erwachsene bleibt natürlich in der Nähe – er ist ja vor allem für das Nachfüllen der Farben zuständig! Aber er unterstützt auch die Kinder, hilft ihnen dabei, Konflikte zu klären („Der hat aber meine Farbe genommen!“) oder vereinbarte Regeln wieder ins Gedächtnis zu rufen („Gemalt wird nur auf dem Papier, nicht im Gesicht!“).
Als Begleiter und vor allem auch Beobachter lernt der Erwachsene viel über seine Kinder, die in solch einer freien Beschäftigung ganz sie selbst sind und sich nicht in erster Linie in ein vorgegebenes Thema und eine Aufgabe einordnen und sich ihr anpassen müssen.

Unser Bild ist fertig
Eine nicht ganz leichte Entscheidung ist es, wenn beschlossen wird: „Jetzt hören wir auf zu malen.“ Kinder finden selten einen Abschluss – sie haben ungeheure Ausdauer, wenn sie in einem Tun sind, das sie begeistert. Zwar sollten im Idealfall die Kinder bestimmen, ob sie malen wollen und wie lange. Aber nicht immer können wir ihnen diesen uneingeschränkten Freiraum zugestehen, wenn zum Beispiel die Tagesstruktur bestimmte Zeitpunkte vorgibt (Mittagessen, Abholzeit usw.).
Ganz einfach kann der Erwachsene Einfluss auf die Länge der Malaktion nehmen, indem er die Farbmenge, die er zur Verfügung stellt, begrenzt. Damit ergibt sich: Unser Bild ist automatisch fertig, wenn die Farbe alle ist!
Auf Wunsch der Kinder kann dann auch am nächsten Tag weitergemalt werden – mit neuer Farbe.

Malspiel „Autofahrt bei Regenwetter“
Manchen Kinder genügt es, die Hände in die Farbe zu stecken und dann auf dem Papier vor ihnen auf der immer gleichen Stelle mit der Farbe zu schmieren. Um die Kinder zu mehr Bewegung auf einer großen Malfläche anzuregen, begleite ich sie auf einer „Autofahrt“.

Bevor wir zu malen beginnen, setzen wir uns zusammen in einem Kreis auf den Boden.

„Stellt euch vor, eure Hand ist ein Auto. Wir schalten den Motor ein und fahren spazieren.“ Mit vielen entsprechenden Geräuschen wird die Fahrt hörbar unterstützt. Die Hände rutschen dabei über den Teppich.
„Passt gut auf, dass ihr mit niemandem zusammenstoßt!“ (Natürlich probieren das gleich ein paar Kinder aus!)
„Auf einmal fängt es an zu regnen.“ Ich klopfe mit den Zeigefingern auf den Boden, und die Kinder machen es nach.
„Der Regen wird immer stärker. Jetzt müssen wir aber unbedingt die Scheibenwischer einschalten, sonst können wir ja gar nichts mehr auf der Straße sehen!“
Mit beiden Handflächen wischen wir auf dem Boden hin und her.
Um diese kleine Geschichte nicht abrupt zu beenden, fahren wir mit unserem „Auto“ noch ein Stück weiter und schließlich zurück nach Hause, wo wir den Motor wieder abstellen.

Unsere große Malfläche ist schon vorbereitet, und so spielen wir die „Autofahrt“ auf dem Papier nach:

Autofahren, Autofahren,
Regentropfen, Regentropfen,
Scheibenwischer, Scheibenwischer.

Wir können mit diesen Wörtern die entsprechenden Bewegungen begleiten. Dazwischen muss natürlich immer wieder Farbe „getankt“ werden. Die Bewegungen und die dazu passenden Wörter können sich wiederholen, so oft es uns Spaß macht.

Ebenso kann der Erwachsene aber auch noch einmal eine kleine Geschichte zum Autofahren erzählen.
„Freie Bahn“ haben die Autos, wenn die Kinder beim ersten Teil („Autofahren“) zum Malen hintereinander um den Tisch herum gehen.
Ideen der Kinder oder Variationen, die Ihnen selbst dazu einfallen, sollten immer eingebaut werden – meine Vorschläge sind nur Anregungen!

Guten Tag, sagte das Blau

Reduzieren wir das Farbangebot auf eine einzige Farbe, liegt der Schwerpunkt beim Malen nicht auf der Fülle, die die Kinder unbedingt auskosten wollen, wenn sie jede der Farben benutzen.
Steht beispielsweise nur das Blau zur Verfügung, werden oft eher die verschiedenen Möglichkeiten ausprobiert – patschen, tippen, schmieren usw. – und einfache Beziehungen erkannt: „Ich male lauter Wellen“, „Das sieht wie ein großer Himmel aus“ oder „Meine Mama hat so eine Decke, die ist ganz weich.“

Blau und Gelb

Spannend wird es, wenn auf der einen Seite des Blattes ein Kind mit Blau malt, auf der gegenüberliegenden Seite ein anderes Kind mit Gelb. Wahrscheinlich entsteht irgendwann von selbst der Wunsch, sich anzunähern und zu berühren. Bei zaghaften Kindern könnte auch der Erwachsene ermutigen: „Wollt ihr euch nicht mal mit euren Händen besuchen und sehen, wie es auf der anderen Seite aussieht?“ Staunend entdecken die Kinder, wie neben Gelb und Blau eine neue Farbe entsteht: Grün!
Auf diese Weise werden die ersten Mischerfahrungen gemacht, die natürlich mit anderen Farb-Paaren wiederholt werden.

Hand in Hand

Viele Kinder malen und zeichnen schon sehr bald nur mehr mit einer Hand, so wie sie es auch bei den Erwachsenen sehen.
Ganz bewusst können wir es so steuern, dass auch die „benachteiligte“ Hand, die dadurch immer ungeschickter wird, mit einbezogen wird.
Ein Kind steht vor einem großen Bogen Papier. Links und rechts daneben ist jeweils eine Schale mit Farbe bereitgestellt (zwei unterschiedliche Farbtöne). Die linke Hand malt mit der „linken“ Farbe, die rechte mit der „rechten“ Farbe. Manchmal beginnt eine Hand allein, und die nächste kommt dazu, ein andermal landen beide Hände gleichzeitig in ihrer Farbe. Was für ein befreiendes Gefühl: Ich breite die Arme aus und tauche in doppelte Farbigkeit ein! Ganz gewiss werden sich aber irgendwann beide Hände und Farben begegnen ...

Hanna hat mit viel Ausdauer auf einem großen Blatt mit Fingerfarben gemalt. Durch nichts und niemanden ließ sie sich ablenken. Die rechte Hand ist kunterbunt verschmiert, die linke hat nur ein paar Flecken abbekommen. Hanna betrachtet erstaunt ihre Hände, dann taucht sie ihren Finger in die Farbe und malt andächtig die linke Hand an. Schließlich reibt sie die Handflächen aneinander, bis alles verteilt ist, dann knetet sie die Finger wie beim Einseifen. Sie wirft noch einen langen zufriedenen Blick auf ihre nun rundherum bunt verschmierten Hände und verkündet: „Fertig! Hände waschen" und verschwindet im Waschraum.

Kritzeln mit Stiften und Kreiden

Sehr bald entdeckt jedes Kind, dass es Gegenstände gibt, mit denen es Spuren hinterlassen kann: Bleistifte, Filzstifte und Kugelschreiber, die Erwachsene liegen lassen, ohne an die möglichen Folgen zu denken. Selbst wenn sie das von den Erwachsenen nicht gezeigt bekommen, untersuchen und probieren schon die Kleinsten diese interessanten Gegenstände intensiv aus.

Meist geschehen die „Veränderungen", die sie dabei bewirken, geräuschlos: Die Wand bekommt ganz unten und zuerst gar nicht erkennbar ein zartes Linienmuster, das sich auf der Rückseite des Sessels fortsetzt, der dicht davor steht. Wie das wohl schmeckt, was da so seltsame Zeichen hinterlässt, wenn man das Ding dagegen drückt?

Erst wenn die Eltern nachsehen – anfangs erfreut darüber, dass sich ihr Kleiner so ruhig selbst beschäftigt, entdecken sie zuerst einen kleinen blau verschmierten Mund (bzw. schwarz oder rot oder ...) und nach und nach die Spuren seiner Entdeckungsreise.

Kein Erwachsener ist darüber erfreut. Aber jeder sollte wissen, dass es diese Experimentierphase bei Kindern gibt – und sollte das jeweilige „Werkzeug" rechtzeitig verräumen. Genauso wichtig ist es aber, dem Kind andere ihm entsprechende Ausdrucksmöglichkeiten zu bieten: vor allem verschiedenes Papier, möglichst groß, wenn darauf gemalt wird, dicke Stifte und Wachsmalkreiden.

Allein lassen sollte man die Kleinen aber auch dann nicht, denn ihr Forscherdrang ist grenzenlos und macht am Rand eines noch so großen Papierbogens nicht halt! Neben dem Bereitstellen von ausreichend interessantem Material ist die Begleitung mit viel Geduld und Zeit gerade am Anfang besonders wichtig.

Wie Kinder malen

Kreativität im Zeichnen und Malen

Kinder durchlaufen in ihrer frühen Entwicklung verschiedene Phasen, ob es nun im Bereich der Sprache, der Motorik oder eben auch im kreativen Gestalten ist. So wie wir Erwachsene die Kinder im Spracherwerb begleiten, ihnen Vorbild und Ermutigung sind und ihnen Gelegenheit zum Sprechen und zum Sprache-Hören geben, sollten wir sie auch beim Zeichnen und Malen unterstützen.
Anders als im sprachlichen Bereich gibt es im kreativen Ausdruck vielfältige und sehr individuelle Möglichkeiten. Es gibt kein „richtig“ und „falsch“ wie bei der Sprache, die doch festen Regeln und einer strengen Grammatik unterliegt.
Deshalb liegt das Vorbild des Erwachsenen im Kreativen nicht im direkten Vormachen – es würden bei den Kindern Muster entstehen, die angepasst und nicht mehr individuell sind. Vorbild bedeutet im Bereich der Farben und Formen, dass der Erwachsene selbst Freude an kreativem Gestalten hat. Experimentiert er voller Begeisterung mit den Kindern, motiviert er sie damit und eröffnet ihnen durch interessantes Material immer neue Erfahrungsfelder.

„Der malt ja nur Kritzekratze!“ hört man größere Kinder oft abwertend sagen, wenn sie die Bilder der Kleinen betrachten.
Auch Eltern fehlt oft das Verständnis für die ersten Malereien ihrer Kinder. Ein kurzer Blick auf die Entwicklungsphasen der ersten Jahre soll hier helfen.
Jedes Kind durchläuft diese Entwicklung auf seine persönliche Art, für die es seine eigene Zeit braucht. Die verschiedenen kurz dargestellten Abschnitte sind also nur eine grobe Gliederung und Abfolge.
Die Entwicklung kann durch Kritik, „Verbesserungsvorschläge“ und Druck nicht beschleunigt werden. Vielmehr werden Individualität und Freude am Malen durch dieses Eingreifen des Erwachsenen eingeschränkt.
Kreativität ist eine Quelle, die in jedem Kind angelegt ist. Wir sollten sie nicht zuschütten, sondern ihr die Möglichkeit geben, frei zu fließen.

Ein kleiner Exkurs in die Entwicklung der Kinderzeichnung

Wenn kleine Kinder anfangen zu malen, ist ihre Arbeit noch nicht zielgerichtet. Sie experimentieren mit dem Material und erkunden mit allen Sinnen seine Eigenschaften.
Erfahrungen statt Ergebnisse
ausprobieren statt produzieren
stehen in der ersten Zeit im Mittelpunkt.

Erst mit etwa drei Jahren fängt das Kind an, eine Bedeutung in seine Bilder zu legen, ein bestimmtes Werk zu gestalten und nicht mehr nur frei zu experimentieren. Es nutzt dabei die Erfahrungen, die es bis jetzt in allen Bereichen seiner Entwicklung gemacht hat.

Die ersten Phasen der Zeichen- und Malentwicklung

Spurschmieren (ca. ½ Jahr bis 1,5 Jahre) Im Vordergrund steht das taktile Erlebnis, es wird mit flüssigem oder breiigem Material gerieben. Das Kind bemerkt, dass es „Spuren hinterlassen“ kann.

Kritzeln (ca. 1 bis 3 Jahre) Der Stift als Werkzeug wird entdeckt. Mit zuerst kleinen, dann immer größeren Bewegungen drückt sich das Kind aus. Die Art des Kritzelns wird durch die Bezeichnungen deutlich:

- Hiebkritzeln
- Schwingkritzeln
- Kreiskritzeln
- Zickzackkritzeln

Kreiskritzeln bedeutet, dass nun nicht mehr nur Linien und Punkte auf dem Papier zu sehen sind, sondern auch gerundete Formen, die später dann zum Kreis führen. Anfangs entstehen bei dieser Art zu kritzeln so genannte „Urknäuel“.

Das Zickzackkritzeln wird auch als „Schreibkritzeln“ bezeichnet. Das Kind arbeitet in langen Zickzacklinien, die an die Zeilen beim Schreiben erinnern.
Auch das „Urkreuz“, bei dem Linien bewusst überkreuzt werden, gehört in diese Entwicklungsphase.

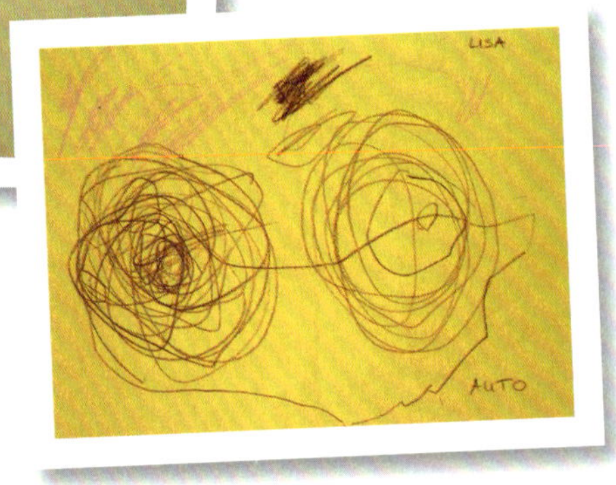

Mit etwa 3 bis 5 Jahren zeichnet das Kind die ersten **„Kopffüßler“**, wobei die runde Form nicht nur den Kopf darstellt, sondern den ganzen Körper, also Kopf und Rumpf als eines.

Schließlich folgt die **Vorschemaphase** (ab etwa 4 Jahren), während der auf mehr Differenzierung geachtet wird und mehr Details an Figuren und Dingen zu sehen sind.

Auf die weiteren Entwicklungsphasen will ich hier nicht eingehen, da sie die Altersgruppe, die in diesem Buch angesprochen wird, nicht betreffen.
Erst ab dem Alter von 5 Jahren sind in den Werken der Kinder die wichtigsten Merkmale von Personen und Gegenständen erkennbar.
Vor dieser Zeit stellen Kinder lediglich das dar, was ihnen selbst wesentlich erscheint. Die persönliche Empfindung steht hier vor der realistischen Darstellung. Damit ist auch zu erklären, dass die Größenverhältnisse nicht der sichtbaren Wirklichkeit entsprechen, sondern der inneren Welt der Kinder.

Berücksichtigt man die ersten Phasen der kindlichen Entwicklung, wird deutlich, was für eine große Bedeutung die Bewegung spielt. Bewegung drückt Lebendigkeit aus – auch im kreativen Gestalten! Gerade deshalb ist es so wichtig, große Flächen zum Experimentieren gerade für kleine Kinder zur Verfügung zu stellen.
Aus der Aufstellung oben ergibt sich auch, dass Kinder erst mit dem Ende der Kritzelphase, also erst mit etwa 3 Jahren oder später, etwas Konkretes darstellen können. Davor wird ausprobiert und experimentiert, und es werden nach und nach die Fertigkeiten im Umgang mit dem Material erworben.
Wir „Großen" sollten wissen: Ungeduld und Ehrgeiz der Erwachsenen schaden den Zeichnungen der Kinder – Geduld und Gelassenheit dagegen fördern die Entwicklung!

„Was hast du denn da gemalt?“

Anregungen für Eltern und andere Erwachsene

- **Fragen Sie nicht, was ein Kind gemalt hat.** Drücken Sie einfach Ihre Freude darüber aus, wenn Sie ein Bild gezeigt oder geschenkt bekommen. Das Kind wird Ihnen selbst erzählen, was auf dem Bild zu sehen ist – sobald es von seiner Entwicklung her dazu fähig ist.
- **Interpretieren Sie das Bild nicht** („Das sieht ja wie ein Auto aus!“). Lassen Sie das Kind selbst erklären. Vielleicht hat es etwas ganz anderes gemalt und ist enttäuscht, wenn Sie das nicht so sehen.
- **Korrigieren Sie das Kind nicht,** vor allem, wenn es noch klein ist. Es ist auf der Suche nach einer eigenen Ausdrucksweise, und nichts, was es malt, ist falsch.
- **Malen Sie dem Kind nichts vor,** vor allem nicht in sein eigenes Blatt. Meist entmutigt es ein Kind, wenn es sieht, wie viel „besser“ ein Erwachsener malt (auch wenn es sich über das Vorgemalte freut). Sie nehmen dem Kind die Möglichkeit, eigene Formen und Ausdrucksweisen zu entwickeln und damit etwas Einmaliges zu schaffen.
- **Beobachten Sie zusammen mit den Kindern Natur und Umwelt,** lernen Sie mit ihnen genauer wahrzunehmen und hinzuschauen. Die Fähigkeit zu sehen und Neues zu entdecken ist eine wichtige Grundlage für kreatives Gestalten. Überlegen Sie mit dem Kind (wenn es größer ist), wie es etwas zeichnen könnte: Woraus besteht ein Mensch/ein Vogel/ein Auto? Was für phantasievolle und eigenständige Formen entstehen dabei – zur Freude der Kinder, die stolz darauf sind, etwas allein geschafft zu haben, ohne den Erwachsenen wirklich dabei zu brauchen!
- **Machen Sie möglichst wenig Malvorschläge,** wenn das Kind aus eigenem Antrieb malen will, aber fragt: „Was soll ich denn malen?“ Überlegen Sie gemeinsam, was in den letzten Tagen Besonderes passiert ist, sehen Sie sich beide im Raum um, regen Sie an, in der Bücherecke zu schmökern, um auf eine Idee zu kommen. Manchmal reicht es auch aus, wenn man sich an einen gemütlichen Platz zurückzieht und eine kurze oder lange Weile nichts tut. In solchen Pausen werden nicht selten kreative Ideen geboren!

Unsere Welt ist bunt

Begegnung mit Farben

Oft fällt es uns erst in der dunklen Jahreszeit auf, wie sehr wir daran gewöhnt sind, in unserem Alltag von Farben umgeben zu sein. An grauen Nebeltagen oder in der Vorfrühlingszeit, wenn das leuchtende Weiß des Schnees schon geschmolzen ist, die Wege matschig braun und die Knospen noch nicht aufgeplatzt sind, verkümmern bei vielen Menschen Freude und Lebenskraft. Wie sehr sind wir auf Farben angewiesen! Ein strahlend blauer Himmel, der Blick ins grüne Blätterdach von Bäumen oder ein blühendes Rapsfeld tun Augen und Seele gut! Um die Wirkung von Farben wissen wir schon lange. Wir setzen sie bewusst in Räumen ein und beeinflussen dadurch unsere Stimmung.

Kinder lieben Farben und fühlen sich wohl und angeregt, wenn sie von ihnen umgeben sind und mit ihnen gestalten können. Sie werden im Alltag und mit Hilfe von Spielen (z. B. Spiele mit Farbwürfeln wie „Kleine Schnecke“) mit den Namen vertraut gemacht und entdecken die Farben in ihrer Umgebung wieder. Erstaunlich finde ich, wie schnell die Kinder verschiedene Farbtöne einer bestimmten Farbe zuordnen können, obwohl doch ein großer Unterschied z. B. zwischen einem sehr hellen Blau und dem dunklen Blau einer Jeanshose besteht.

Ästhetische Erziehung als Aufgabe

Längst haben sich ästhetische Vorstellungen in Bezug auf Farben geändert, vor allem im Bereich der Mode. Während man früher in der Kleidung Blau und Grün (zumindest bei Erwachsenen) nicht kombinieren durfte und schon gar nicht Rot und Orange, sind diese „Regeln“ – Gott sei Dank – aufgebrochen. Man „darf“ inzwischen fast alles in Bezug auf Farben, nicht nur bei Sachen zum Anziehen. Einiges jedoch tut trotz allem den Augen weh. Vielleicht ist mancher in dieser Hinsicht „abgestumpft“, da unsere Sinne auch durch den Überfluss an Farben in unserer materiellen Umwelt überfordert sind.

Zum Bereich der Ästhetischen Erziehung gehört meiner Meinung nach auch **der sensible Umgang mit Farben,** bisweilen die Reduktion auf einige wenige Farbtöne und das Spiel mit Abstufungen, die nicht vorgegeben sind, sondern die wir

mit den Kindern im kreativen Gestalten selbst durch Ausprobieren und Mischen entdecken.
In der Umgangssprache bezeichnen wir manche Farben als „knallig“ oder „schreiend“. Welche Auswirkungen diese Farben wohl auf die sensiblen Augen und die Stimmung von Kindern haben?

Eine heilsame Begegnung mit Farben schenkt uns die **Natur**. Auch hier gibt es sehr kräftige und leuchtende Farben. Aber nie habe ich dort einen Farbton oder eine Kombination gefunden, die mir nicht gut getan hätte. Egal, wo wir suchen: Wir finden immer ein harmonisches und doch nie langweiliges Bild.
Es ist eine lohnende Aufgabe für Erwachsene, den Kindern ein Gefühl für Ästhetik und damit auch Wohlbefinden zu vermitteln und ihre Sensibilität zu bewahren. Nicht jede neu entwickelte Farbe, die auf den Markt kommt, muss ausprobiert werden, nicht jeder Effekt aus der Tube ist sinnvoll für Kinder. Suchen wir doch erst einmal mit einfachen Mitteln, in denen sich so viele Möglichkeiten verbergen, nach immer wieder neuen Variationen und erleben damit eine kunterbunte, fröhliche, befriedigende Kreativität!

Mit der Zauberbrille unterwegs

An einem Fenster in unserem Gruppenraum befestige ich mit Klebstreifen in Augenhöhe der Kinder Folien, wie man sie in Schreibwarenläden erhält und die man z. B. als Deckblatt für Bewerbungsunterlagen usw. verwendet. Nebeneinander hängen dort durchsichtige DIN A4-Folien in Rot, Gelb und Blau. Diese drei Farben bezeichnet man als Primärfarben, da sie nicht aus anderen Farben gemischt werden können.
Aus dicker Pappe und der gleichen Folie fertige ich drei „Monokel“ an, ebenfalls in Rot, Gelb und Blau. Mit den Kindern haben wir darüber gesprochen, dass es früher Monokel, also einäugige Brillen, gab. Noch stabiler, aber aufwändiger herzustellen, wird die „Brille“ aus Sperrholz, das mit der Laubsäge ausgesägt wird. Unsere „Brille“ sieht zwar wie eine Lupe aus, aber sie vergrößert nicht. Das „Brillenglas“ ist farbig wie die Folien.

Das Staunen der Kinder ist groß, wenn sich durch die bunten Brillen die Farben der Fensterfolien verändern! Nach einer Weile wissen die Kinder genau, welche Farbe sich mit welcher Brille auf der jeweiligen Folie ergeben wird.

Ich zaubere aus Gelb und Blau
ein wunderschönes Grün. Komm, schau!

Aus Rot und Gelb, da mische ich
ganz schnell Orange für dich und mich!

Aus Rot und Blau wird Violett.
Das finde ich besonders nett!

Variationen
Noch deutlicher sieht man die Mischfarben, wenn man Abschnitte der Folien auf weißes Papier legt und sie dann mit den Zauberbrillen betrachtet.
Meine Kinder finden es spannend, einfach durch die verschiedenen Folien nach draußen zu schauen. Da wird z. B. der graue Himmel auf einmal blau!

Heute ist ein roter Tag

Rot als intensive und leuchtende Farbe, auf die nicht nur Kinder stark reagieren, haben wir diesmal für unseren „Farbentag“ ausgesucht.
Rot ist die Farbe der Kraft, der Liebe, des lebensnotwendigen Blutes, aber auch der reifen Früchte und des Feuers. Sie wird von den Menschen dazu verwendet, Aufmerksamkeit zu erregen und gilt als Warnsignal.
Am Vortag haben wir uns schon auf „Rot-Suche“ gemacht. Rote Spielsachen wurden zusammengetragen („Nicht alle roten Bauklötze! Einer genügt!“), auf unserer Kleidung haben wir viele rote Dinge entdeckt, ein roter Pullover, ein paar rote Streifen, rote Schriftzeichen. Sogar beim Frühstück hat uns das Rot begleitet: rote Paprika, Tomaten, Erdbeermarmelade – und natürlich eine rote Brotzeitbox.

Am nächsten Tag sollten die Kinder möglichst etwas Rotes anziehen, es genügten aber auch ein paar rote Details. Außerdem durften sie etwas Rotes zum Spielen oder Herzeigen mitbringen. Auch beim Frühstück herrschte Rot vor: viele rotbackige Äpfel standen zum Essen bereit!
Lange Zeit verbrachten wir am Vormittag in unserem Morgenkreis damit, die Farben zu vergleichen, dunkle und helle Rottöne zu sehen und damit staunend zu erkennen: Rot ist nicht gleich rot!
Aus einer Kiste mit Papierschnipseln, die bei uns immer zum Basteln bereit steht, suchten wir schließlich die vielen verschiedenen roten heraus und klebten sie auf ein großes Blatt. Die größeren Kinder schnitten oder rissen aus Katalogen und Werbeprospekten rote Motive aus und klebten sie mit dazu. Ein dichtes Bild, das noch Tage danach zum Betrachten und Erzählen anregte!

Noch mehr bunte Ideen

- Natürlich kann auch jede andere Farbe Grundlage für einen **Farbentag** sein. Bei manchen Farbtönen gibt es allerdings wenig, was man essen kann. Bei Blau fallen mir spontan nur Heidelbeeren (Blaubeeren) ein – selbst Blaukraut ist nicht wirklich blau!
- An unserem Farbentag **malen** wir nur Bilder in der jeweiligen Farbe. Wasser- und Fingerfarbe, Stifte und Kreiden und was es sonst noch gibt wird verwendet. Dazwischen achten wir darauf, dass die flüssige Farbe trocknet, bevor man darauf auch noch mit Stiften malt.
- Bei einem **Spaziergang** spielen wir Entdecker und konzentrieren uns immer nur auf eine Farbe: Wer findet etwas Rotes? Später suchen wir dann nur blaue Dinge oder grüne Dinge oder nach Farben, die sich die Kinder wünschen.
- **Es grünt!** Auf einer Wiese oder im Wald sammeln wir verschiedene Grüntöne – Gräser, Blätter, Moos usw. – und legen sie nebeneinander. Wie viele kleine Unterschiede gibt es! Natürlich fühlt sich das glatte grüne Blatt auch anders an als das samtige, und so ist unsere Erkundung nicht nur eine Sache des Sehens, sondern auch des Fühlens.

Der Erwachsene sollte besonders darauf achten, dass keine seltenen oder giftigen Pflanzen abgerissen werden. Vor allem muss auf die Kleinen, die noch vieles in den Mund stecken, aufgepasst werden!

- **„Jeder Tag hat eine Farbe“**
  Dieses Bilderbuch von Dr. Seuss (cbj) gefällt meinen Kindern sehr, nicht nur wegen seiner starken Farbigkeit. Das Buch geht in einfacher, aber eindrucksvoller Weise auch auf die Wirkung der Farben ein.

„Grün, Grün, Grün …“ (Farbenlied)

Dieses traditionelle Farben-Lied ist eines der alten Lieder, die immer noch in Kindergärten mit viel Freude gesungen werden. Hier kommt es mit verändertem Text, der die Kinder dazu anregt, zu überlegen, was es alles in den unterschiedlichen Farben gibt, in der Natur, zu Hause oder bei uns in der Gruppe.

Grün, Grün, Grün

Text (bearbeitet): Ingrid Gnettner, Musik: Volkslied

Rot, Rot, Rot ist eine schöne Farbe.
Rot, Rot, Rot, das mag ich wirklich sehr!
Darum lieb ich alles, was so rot ist,
weil die Kirschen und Tomaten rot sind.

Für die anderen Farben singen wir dann zum Beispiel:

Blau:	der Himmel und deine Hose
Gelb:	die Sonne und die Zitrone
Weiß:	der Schnee und die Wolken
Schwarz:	die Nacht und der Ruß

Die Kinder haben immer wieder neue Ideen, ob es die eigene Kleidung, Spielsachen, Blumen oder irgendwelche Gegenstände sind, die ihnen gerade auffallen!

Malen mit Wasserfarben

Wasser ist das Lieblingselement der kleinen Kinder. Es gibt für sie kaum etwas Schöneres als ausgiebig zu schöpfen, zu spritzen und zu „pritscheln“ (was fast alles umfasst, was man sonst noch mit Wasser machen kann).

Buntes Wasser, also Wasserfarbe, ist ein besonders reizvolles Material für kreative Kinder.

Einen dicken Pinsel zuerst ins Wasser tauchen und dann über den Farbblock reiben, wieder eintauchen, das Ganze immer wieder wiederholen, zu sehen, wie sich das Wasser immer dunkler färbt – damit sind Kinder oft lange Zeit beschäftigt, bevor sie überhaupt zu malen anfangen.

Die ersten Erfahrungen mit dem Papier sind überraschend und manchmal enttäuschend. Wie leicht weicht dieses Material auf und reißt dann! Lassen sie die Kinder ruhig ausgiebig probieren und eigene Schritte im Umgang mit dem Material machen. Dazu reicht am Anfang auch eine einzige Farbe.

Nach und nach wird die Farbpalette erweitert. Neue Entdeckungen mit Farbverläufen warten auf uns.

Noch leichter als Fingerfarben vermischen sich Wasserfarben. Sie fließen ineinander und verschwimmen zu neuen Farbtönen.

Das kann Spaß machen, wenn wir dafür offen sind, aber es kann uns auch ärgern, wenn die schöne Farbe, die wir gemalt haben, von einer anderen „aufgefressen“ wird.

Bevor wir die Kinder dazu anregen, noch mehr zu experimentieren, sollten wir ihnen viel Zeit lassen, Pinsel, Farben und Papier und den Umgang mit ihnen kennen zu lernen und in ihrer eigenen Weise zu gebrauchen.

Regenbilder

Ganz bewusst lassen wir die Farben bei unseren „Regenbildern" verschwimmen. Mit genügend Zeitung und evtl. Abdeckfolie werden Arbeitsplatz und nähere Umgebung geschützt. Arbeiten wir draußen, brauchen wir diese Maßnahme nicht.

Auf dünnen beschichteten Spanplatten, die wir uns im Baumarkt zuschneiden lassen (ca. 60 × 40 cm), befestigen wir großes Papier. Jedes Kind bekommt seine eigene Malplatte. Wir mischen in Bechern oder Gläsern verschiedene Wasserfarbtöne an.

Mit einem dicken Pinsel tupfen oder tropfen die Kinder die flüssigen Farben nebeneinander an den oberen Rand. Auch mit Pipetten kann die Farbe aufgebracht werden.

Wir legen den Pinsel zur Seite und kippen die Malplatte nach vorne, so dass die Farbe aus den Tupfen nach unten laufen kann.

Viele bunte Regenspuren suchen sich ihren Weg, selten ganz parallel nebeneinander!

Wir können natürlich auch variieren und die Platte nach verschiedenen Seiten kippen, um die Bahn der Farbe umzuleiten.

Wenn uns die Linien noch nicht genug sind, wiederholen wir das Ganze: Farbe auftropfen, Platte kippen und die Farbe laufen lassen.

Vielleicht malen wir als nächstes die „Farbpfützen" auf die linke Seite und neigen dann das Bild nach rechts. Gibt das ein kariertes Farbmuster?

Es regnet!

Was macht der „echte“ Regen mit unserem Bild, das wir mit Wasserfarben gemalt haben?
Stabiles Papier und viel Neugierde gehört dazu, damit jemand sein Bild für dieses Experiment zur Verfügung stellt. Kann sein, dass ein Wolkenbruch ein buntes Gemälde in ein blasses Beinahe-Nichts verwandelt oder es gar zerfetzt!

Sommerbilder

Bilder mit viel Wasser lassen sich am Besten bei warmem Wetter draußen malen. Wir brauchen keine Sorge vor Überschwemmung im Zimmer haben, das Putzen erübrigt sich, und das Umziehen der Kinder ist auch kein großes Problem.
Es kann nach Herzenslust ausprobiert werden – wer weiß, welche ungeahnten Techniken dabei von den Kindern entwickelt werden!

Wasserfarbe ohne Farbe

Gibt es in Ihrer Einrichtung eine glatte Außenwand/Mauer, die für die Kinder gut erreichbar ist? Nützen Sie diese doch ab und zu als Malfläche bei schönem Wetter!
Unsere Kleinen haben dazu nicht einmal Pflasterkreiden gebraucht. Ein mit Wasser gefülltes Eimerchen für jeden und dazu dicke Pinsel genügten!
Da es ja lediglich um das Malen selbst geht und nicht um ein fertiges Gemälde, macht es nichts aus, dass die gemalten Wasserspuren mit der Zeit in der Sonne verblassen und schließlich ganz verschwinden.
„Die Wand hat mein Bild aufgefressen!“, rief ein Kind erstaunt, als es im Hochsommer diese Beobachtung machte. Erst recht mit Begeisterung malten die Kleinen nun neues „Futter“ für unsere Wand. Oder war es die hungrige Sonne, die sich über unsere Wasserbilder hermachte?

Malen mit Plakafarben o.ä.

In kräftigen und satten Farben schwelgen wir, wenn wir mit Gouache-, Plaka- oder Acrylfarben malen (s. auch die Hinweise bei „Farben, Pinsel und Papier“ auf S. 12).
Mit schwungvollen Pinselstrichen bedecken wir das Papier, stupfen mit dem dicken Pinsel Flecken auf und übermalen bereits getrocknete Stellen. Durch die Auswahl einzelner Farben kann der Erwachsene – wenn es sinnvoll ist – den Eindruck, den die Malereien später auf den Betrachter machen, beeinflussen.

- Blau und Grün versetzen uns in Gedanken vielleicht an einen Fluss oder See.
- Rot- und Gelbtöne lassen uns an Sonne und Feuer denken.
- Kunterbunte Farben wecken die Sehnsucht nach einer Sommerwiese.

Mit meinen Kindern arbeite ich besonders gern mit Gouachefarben.
Gouachefarben lassen sich gut miteinander mischen, so dass wir mit den drei Farbtönen Gelb, Rot und Blau eine große Farbenvielfalt zaubern können.
Die Farben sind einfach mit Wasser zu verdünnen. Dadurch können wir die Farbe dick und deckend auftragen, aber ebenso auch lasierend wie mit Wasserfarben malen.

Aus Malereien entstehen nach dem Trocknen phantastische **Landschaften**, wenn wir zusätzlich Papier oder anderes Material aufkleben. Zwei Beispiele:

Am Strand

- Unsere Grundlage ist ein großes Bild in Blautönen.
- Mit dem Pinsel wird kreuz und quer Kleister oder direkt aus der Tube Leim aufgetragen.
- Auf die bestrichenen Stellen streuen wir trockenen Sand, den wir leicht andrücken.
- Der überschüssige Sand rieselt herunter, wenn wir das Bild anheben, nachdem der Kleber getrocknet ist.
- Zum Schluss werden flache Muscheln über das Bild verteilt aufgeklebt.

Im Herbst

- Das Bild wird in Gelb- und Brauntönen bemalt.
- In gleicher Weise wie beim vorigen Bild kleben wir diesmal statt Sand trockene Erde auf.
- Ergänzt wird unsere Gestaltung durch bunte getrocknete Blätter, flache Rindenstücke, Gräser usw.

Der Phantasie sind hier keine Grenzen gesetzt. Fragen Sie Ihre Kinder:

- Mit welcher Farbe/welchen Farben wollt ihr heute malen?
- Was kleben wir anschließend darauf?
- Wie soll unser Bild heißen?

Da in unseren Bastel-Schatzkisten immer wieder neue Kostbarkeiten auftauchen, ist genug Material vorhanden, um die Bilder nach Wunsch auszuschmücken.

Bild auf Bild

Ist das Bild, das wir für die weitere Arbeit als Untergrund verwenden, nicht zu unruhig, sieht es interessant aus, wenn wir darauf Ausschnitte von einem lebhafteren, farbenfrohen Bild kleben. Der Untergrund wirkt dann beinahe wie ein Rahmen für die kleineren Malereien.

Kleisterfarben

Die Beschäftigung mit Kleisterfarben bietet uns ganz neue Möglichkeiten, verschiedene Muster entstehen zu lassen und mit Farbe und verschiedenen „Werkzeugen" zu spielen.

Vorbereitung
Zuerst rühren wir den Tapetenkleister im Wasser an (nach Anleitung auf der Packung). Eine halbe Stunde etwa muss er nun quellen. Er sollte danach dickflüssig und ohne Klumpen sein. Wenn nicht, rühren wir unseren Kleister mit einer Gabel oder einem Schneebesen glatt.

Fertig – los!

Drei aufeinander folgende Arbeitsschritte gibt es bei unserer Kleisterfarbe:
- Mit einem breiten Pinsel streichen wir das Papier gleichmäßig mit Kleister ein.
- Auf den nassen Kleister malen wir nun mit dickflüssiger Farbe breite Streifen, Flecken oder wozu wir sonst Lust haben.
- Dann können wir mit einem Pinselstiel, einem aus Pappe zugeschnittenen groben Kamm oder anderen Hilfsmittel Muster malen. Auch mit dem Finger können wir Muster in die Farbe zeichnen.

Nur wenn Kleister und Farbe noch feucht sind, gelingt das! Es muss also relativ schnell gearbeitet werden.
Sind wir mit dem Ergebnis zufrieden, lassen wir das Papier trocknen.

Wenn wir das Kleisterpapier weiter verarbeiten wollen (z. B. als Deckblatt für einen Ordner), bügeln wir es zwischen zwei Zeitungen und bestreichen es mit einem weißen Kerzenrest. Zum Schluss wird das Papier noch kurz poliert, damit es glänzt.

Variation
Wir füllen den Kleister in kleine Behälter und rühren gleich verschiedene Farbtöne dazu. So entstehen unterschiedliche fertige Kleisterfarben, mit denen dann gemalt wird. Ergänzt wird wieder mit „Muster-Spuren".

Farbenwerkstatt: Naturfarben

Woher kommen unsere Farben? Wie entstehen sie? Wer macht sie?
Immer wieder haben wir besonders neugierige Kinder, die den Dingen auf den Grund gehen wollen und viele Fragen stellen. Oft ist es nicht einfach, darauf zu antworten, und manchmal ist der Aufwand zu groß und die Sache zu schwierig, um Dinge grundlegend zu erklären.
Nicht so bei den Farben.

Farben konnte man früher nicht kaufen

Zur Einführung dieses Themas überlegen wir, wie wohl die Menschen gemalt haben, als es noch gar keine Geschäfte gab, wo man Farben hätte kaufen können. Der Weg von unseren schmutzigen Schuhen, mit denen wir nach der Gartenzeit durch den Flur gehen und dort Spuren hinterlassen, zum ersten Malen mit Erde ist nicht weit! Wir probieren auch aus, Blätter über ein Blatt Papier zu reiben, pflücken einzelne bunte Blüten und probieren das gleiche aus. Zarte Farben entstehen.
Der für den Kompost vorgesehene ausgedrückte Teebeutel von unserem Frühstückstisch wird auf seine „Maltauglichkeit" geprüft, ebenso das abgebrannte Streichholz und natürlich die Steine am Weg.
Da wir auf unseren Spaziergängen stets ganz besondere Steine finden und längst wissen, wie viele verschiedene Farben sie haben, leuchtet es den Kindern ein, dass die Menschen schon bald versucht haben, aus diesen unterschiedlichen Steinen Farbpulver herzustellen.
Außer mit Ziegeln – und das ist mühsam genug – gelingt uns das sicher nicht. Dazu sind die Steine viel zu hart.
So besorgen wir uns bereits pulverisiertes Gestein bzw. verschiedenfarbige Erden – so genannte „Pigmente".

Naturfarben aus Pigmenten

Auch wenn wir das Pulver nicht selbst aus Steinen zerschlagen und zerstampfen konnten, ist es trotzdem noch spannend, aus dem gekauften Farbstaub eigene Farben herzustellen, die wir dann zum Malen verwenden.

Hier das Rezept für die **Kaseinfarben**, die gut zum Malen auf Papier, Leinwand, Holz usw. geeignet sind:

- 10 g Borax (2 TL) in einer halben Tasse heißem Wasser auflösen (Borax erhalten Sie in der Apotheke.)

- das aufgelöste Borax in 130 g Magerquark einrühren und etwa 1 Stunde stehen lassen (gut kann dafür Quark verwendet werden, dessen Haltbarkeitsdatum überschritten ist)
- Auf diese Weise haben wir Kaseinleim erhalten (den wir natürlich auch ohne Farbbeigabe zum Kleben verwenden können).
- Mischen wir nun Pigmente dazu, bekommen wir unsere Kaseinfarben.
- Dazu verteilen wir den vorbereiteten Leim in mehrere Behälter (je nach Anzahl der Farben, die wir haben wollen). Damit keine Klumpen entstehen, rühren wir die einzelnen Pigmente mit etwas Wasser zu einem Farbbrei, der dann jeweils mit dem Leim vermischt wird.

Wenn wir nur wenige verschiedene Pigmente zur Auswahl haben, mischen wir die fertigen Farben auch noch miteinander und erhalten dadurch zusätzliche Farben und Abstufungen.

Auf diese Weise selbst gemachte Farben sind nicht lange haltbar. Deshalb ist es gut, wenn wir bei solch einem Malprojekt ausgiebig und mit viel Zeit arbeiten und die Farbreste zum Mischen und Ausprobieren nützen.

Selbstverständlich gibt es noch viele andere Naturfarben, die wir selbst herstellen können, von Wasserfarben über Pflasterkreiden bis zur wetterfesten Temperafarbe.
Hinweise und Informationen über den Bezug von Pigmenten und anderem Material finden Sie im Anhang, S. 101.

Zauberbilder und Wunder-malereien

Malen allein ist schon eine sehr befriedigende Arbeit und ein kreatives Vergnügen. Vieles bleibt dem Zufall überlassen, gerade bei kleinen Kindern. Nach und nach erst gelingt es, manches bewusst zu steuern. Aber der Reiz liegt wohl immer im Nebeneinander von Geplantem und ohne eigenen Einfluss Geschehenem.

Wie Zauberei wirken dagegen Bilder, bei denen der Zufall und die Überraschung ganz und gar gewollt sind. Bilder zum Staunen und Wundern! Ganz klar ist, dass auch hier keine zwei gleichen Ergebnisse entstehen. Jedes Mal wird etwas Neues sichtbar, obwohl wir im Grunde nicht viel anders gemacht haben als beim Bild davor.

Die bunte Kugelbahn (Murmelbilder)

Ein wenig erinnern diese „Murmelbilder“ an Schnittmusterbögen, die für den Näh-Laien wie die Karten eines unbekannten Landes aussehen. Ähnlich verschlungen und unvorhersehbar sind die farbigen Wege auf unserem Papier!

Ein DIN A4-Bogen Fotokarton beliebiger Farbe wird in einen passenden flachen Karton gelegt (z.B. Schuhkartondeckel). Ist der Deckel etwas größer als das Blatt, befestigen wir es mit einigen wenigen Foto-Doppelklebern, damit es nicht verrutscht. So lässt sich das Blatt nach der Arbeit wieder leicht vom Deckel lösen.
Das Kind sucht sich zwei Farbtöne aus (Gouache o.ä., die Farbe sollte nicht zu dickflüssig sein, da sie sonst später die Kugeln beim Rollen zu schnell bremst). Die Farben sollten sich gut von der Farbe des Fotokartons unterscheiden.
Mit Hilfe einer Pipette oder aus einer kleinen Spritzflasche bringt das Kind (eventuell mit Unterstützung des Erwachsenen) an verschiedenen Stellen des Kartons etwas Farbe auf.
Nun werden zwei oder drei Glasmurmeln in den Karton gelegt. Das Kind hält ihn mit beiden Händen und kippt ihn vorsichtig zur einen Seite, dann zur anderen, damit die Kugeln zu rollen beginnen. Immer wenn sie dabei durch einen Farbtropfen laufen, bilden sie danach eine bunte Spur. Der Karton wird nach vorn

und nach hinten gekippt, und größere Kinder versuchen, die Bahn der Kugeln durch die Bewegung ihrer Hände zu beeinflussen. Das gelingt nicht immer – aber spannend ist es allemal!
Wird die Farbe zu trocken, bringen wir neue Farbe auf. Auf Wunsch kann auch eine dritte Farbe dazu kommen. Oft sehen allerdings die Bilder dann zu „wild“ und „durcheinander“ aus. Als Zusatzfarbe und Kontrast wirkt ja ohnehin der Fotokarton als Untergrund mit.

Kleinen Kindern fällt die Auge-Hand-Koordination, die beim Kippen des Kartons gefragt ist, oft noch sehr schwer. Eine gute und ebenso befriedigende Möglichkeit ist es für sie, den Karton auf einen glatten Tisch zu legen (oder auf den Boden) und ihn mit beiden Händen hin und her und vor und zurück zu schieben.
Bei beiden Arbeitsvarianten gilt: nicht zu heftig schütteln, sonst hüpfen die Kugeln vom Bild – und verschwinden möglicherweise samt Farbspur unter dem Regal.

„Klatschbilder“ (Monotypien)

Auch berühmte Maler finden Gefallen am spielerischen Umgang mit Farben. In den Werken von Max Ernst (1891–1976) zum Beispiel sind immer wieder Details zu erkennen, die an Moose oder andere Pflanzen erinnern und die, seit er die Abklatsch-Technik für sich entdeckt hat, in seinen Bildern auftauchen und weiter ausgearbeitet werden.

Das Papier, auf dem wir mit dickflüssiger Farbe, z. B. Gouache, malen, sollte relativ glatt sein. Dadurch trocknet die Farbe nicht so schnell – und nur mit feuchter Farbe gelingen diese Bilder!
Wir malen zügig mit verschiedenen Farbtönen nach Wahl. Ist unser Bild so weit fertig, legen wir ein anderes glattes Blatt darauf, streichen mit der Handfläche mit leichtem Druck darüber und lösen dann das obere Blatt vorsichtig von dem unteren.
Jedes Mal staunen wir – nicht nur die Kinder! – über die seltsamen Muster und Strukturen, die bei dieser Technik entstehen. Manchmal sind es zauberhafte Märchenwälder, und das ursprüngliche Bild unterscheidet sich auch stets ein wenig von dem abgedruckten.

Variation: Bunte Schmetterlinge

Als Grundlage für unser Bild falten wir ein glattes DIN A4-Blatt in der Mitte und klappen es wieder auf.
Auf der einen Hälfte oder auch auf beiden bringen wir mit dem Pinsel dickflüssige Farbe auf. Wir falten das Blatt wieder zusammen, streichen mit der Hand darüber und öffnen es dann.
Nach dem Trocknen schneiden wir symmetrische Schmetterlingsflügel zu und malen oder kleben in die Mitte den Körper mit Kopf und Fühlern dazu.

„Rubbelbilder“ (Frottagen)

Den Maler Max Ernst kennen wir schon von der vorigen Technik. Strukturen in der Natur und in seiner Umgebung machten ihn neugierig. So wohnte er einmal in einem Zimmer, auf dessen Fußboden er die ausgeprägte Maserung des Holzes bewunderte. Er legte einen Bogen Papier auf den Boden und rieb mit einem weichen Stift darüber. Das Ergebnis begeisterte ihn und regte ihn zu vielen anderen Experimenten an.

Haben Sie als Kind auch Geldstücke unter ein weißes Schreibpapier gelegt und mit einem Bleistift darüber schraffiert? Wenn ja, kennen Sie die Technik der Frottage längst, nur haben Sie diese wahrscheinlich nur mit Münzen ausprobiert – dabei gibt es noch viel mehr Material, das sich dafür eignet!
Schade, dass diese „Zauberei“ wohl für die meisten Kinder verschwunden ist, seit es fertig gedrucktes Papiergeld zum einfachen Herausdrücken aus einem Bogen gibt ...

Frottagen schärfen den Blick für Strukturen. Die Dinge, die wir betrachten, regen uns zum Nachspüren an:

- Wie fühlt sich die Oberfläche des Gegenstandes an?
- Ist sie überall gleich, oder gibt es Erhebungen und Vertiefungen?

Sehen und Fühlen gehen Hand in Hand, und so entdecken wir ständig Neues, was sich für eine Frottage eignet:

- die Rinde von Bäumen (die wir dabei nicht einmal verletzen, da wir die Frottage direkt am Baum machen!)
- Blätter mit ausgeprägten Adern (vor allem im Herbst), Gräser und Stängel
- Wellpappe, kleine glatte Pappstücke
- flache Gegenstände aus Metall, z. B. Büroklammern, Schlüssel usw.
- Werkzeuge wie Schere, Schraubenschlüssel, die Oberfläche von verschiedenen Feilen und Raspeln
- Beilagscheiben, Ösen usw.

- eingeprägte Schriftzüge und Zeichen usw.
- grobe Stoffe wie Rupfen
- und vieles andere.

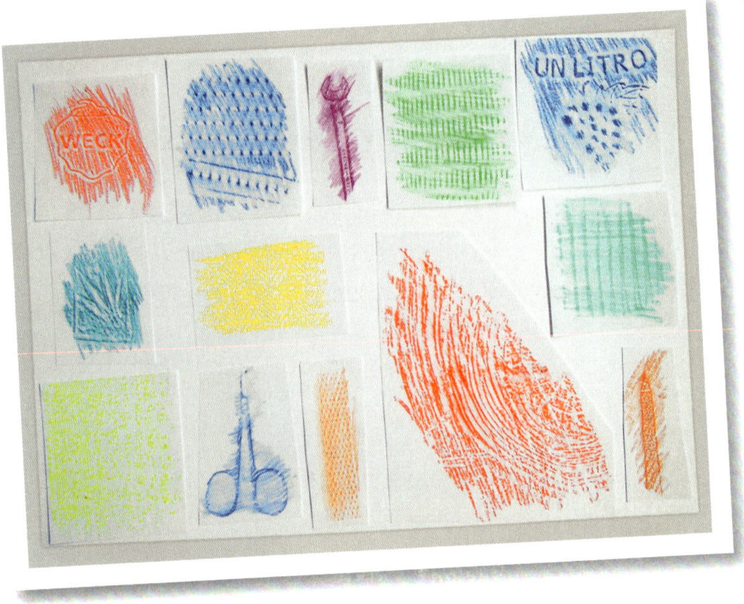

Gehen Sie mit den Kindern auf Entdeckungsreise! Es macht einen Riesenspaß, immer wieder neue Dinge zu finden und auszuprobieren! Manches wird auch nicht funktionieren, aber das ist eine wertvolle Erfahrung. Vielleicht stellen die Kinder bald fest, dass sich am Besten harte und flache Gegenstände eignen.

Was wir außer den Frottage-Objekten brauchen

Auch hier dürfen die Kinder natürlich experimentieren und merken schnell, welches Blatt geeignet ist und welches nicht, mit welcher Farbe unsere Frottage gelingt und wann wir uns vergeblich bemühen. Wie wäre es zum Beispiel mit Wasserfarbe und Pinsel? Was meinen die Kinder dazu?

Experimentieren bedeutet Lernen.
Versuch und Irrtum führen zu
Erfahrungen und Erfolgen.

Papier

Das Papier sollte nicht zu fest, aber auch nicht zu dünn sein. Auf festem Papier oder gar Pappe kommt die Struktur nicht zur Geltung oder wird überhaupt nicht sichtbar. Zu dünnes Papier kann reißen, denn es wird bei dieser Technik sehr beansprucht. Fingerspitzengefühl ist allerdings auch gefragt.

Farben

Meiner Erfahrung nach sind weiche Bleistifte, dicke Farbstifte und Wachs- oder Ölpastellkreiden gut geeignet.

Die Kinder müssen oft erst herausfinden, wie fest sie aufdrücken müssen, damit die Struktur deutlich erkennbar wird. Von Objekt zu Objekt kann das sehr verschieden sein. Manchmal ist es sinnvoll, den Stift schräg zu halten, also nicht mit der Spitze, sondern mit der breiten Seite zu malen.

Bei Kreideblöcken bieten sich die Flächen zum Rubbeln an – aber auch hier gilt: selbst probieren!

Vielleicht suchen Sie nun vergeblich nach einer genauen „Anleitung“:

- Das brauchen wir ...
- Das machen wir ...
- Das kommt heraus ...

Gerade bei Frottagen, aber auch bei vielen anderen Techniken in diesem Buch liegt der Schwerpunkt auf der eigenen Kreativität, die verbunden ist mit

- suchen und auswählen
- finden und experimentieren
- entdecken und erfahren
- Überraschungen und Misserfolge erleben
- stolz sein auf Gelungenes
- und oft mit einer ungeheuren selbstbewussten Freude!

Einmal Salz, bitte!

Mit Wasserfarben wird viel und gern gemalt in unserer Gruppe. Die Kinder haben dabei allen Freiraum, den sie brauchen. Nur selten gibt es Vorschläge der Erwachsenen, in welche Richtung die Bilder gehen sollen oder nach welchem Thema wir uns orientieren (s. auch S. 40, „Malen mit Wasserfarben“).
Diesmal aber steht ein besonderes Experiment auf dem Programm. Wir brauchen dazu für jedes Kind einen Bogen festes Zeichenpapier oder Aquarellpapier.

Besonders wichtig ist hier, dass das Blatt gut festgeklebt wird. Oder wir legen es auf eine beschichtete Malplatte. Dort verrutscht es nicht mehr, sobald es nass ist.

Das Blatt wird mit einem weichen Schwamm oder breiten Pinsel mit Wasser bestrichen. Arbeiten wir draußen, können wir jedes Blatt auch „gießen“!
Danach wird mit dem Pinsel mit Wasserfarben auf dem feuchten Untergrund gemalt, oder es werden verschiedene Farbtöne darauf getropft.
Ist das Blatt bemalt, kommt unsere „Zaubertechnik“:
Die Kinder streuen mit den Fingern oder mit einem Salzstreuer etwas Salz auf eine Stelle ihres Bildes. Was passiert? Das Salz „trinkt“ die Feuchtigkeit aus der flüssigen Farbe, so dass die Farbe in den „gesalzenen“ Flecken konzentrierter wird und kleine dunkle Farbpunkte entstehen.

Natürlich muss das Ganze unbedingt noch ein paar Mal ausprobiert werden! Voraussetzung für das Gelingen ist, dass die Farbe noch nass genug ist. Nach dem Trocknen bleibt das Salz „durstig“ auf dem fertigen Bild liegen.

Pustebilder

Die Technik, bei der man mit dem Strohhalm auf dünnflüssige Farbtupfen bläst, kennen die meisten von Ihnen sicher. Dünne Farbspuren entstehen, wenn wir mit kräftigem Atem die Tropfen weitertreiben, spinnenartige Gebilde und verzweigte Äste sind zu sehen.
Immer wieder einmal gibt es Kinder bei uns, die mit dem Pusten nicht so gut zurechtkommen. Schon eine Kerze auszublasen macht ihnen Mühe.
Wir haben mit allen Kindern zusammen überlegt, wie wir ihnen helfen können, bei unseren Farbexperimenten mitzumachen, auch wenn sie noch nicht so viel „Puste“ haben.
Auf diese Ideen kamen wir:

- mit einer Luftpumpe pusten
- mit einer Spritze (aus der Apotheke)
- mit einer Plastikflasche mit kleiner Öffnung (die wir sonst für Kleber verwenden)
- mit Sprühflaschen, wie sie bei der Blumenpflege verwendet werden, natürlich ohne Wasser
- mit leeren Spülmittelflaschen
- mit der Tortenspritze aus der Küche
- mit einem Luftballon (gut festhalten, damit er nicht davonsaust!)

Es lohnt sich, das (und vielleicht noch mehr) einmal auszuprobieren. Neben einer Menge Spaß, den wir dabei haben, machen wir auch viele Erfahrungen und wissen danach, was funktioniert und was nicht!

Erst malen, dann zeichnen (Mischtechniken)

So wie wir mit verschiedenen Papieren und anderen Materialien Collagen kleben (s. S. 70), können wir auch beim Malen unterschiedliche Techniken miteinander kombinieren. Zwischen den einzelnen Arbeitsgängen muss die Farbe jeweils trocknen, damit das Bild nicht ungewollt verschmiert.
Während des Gestaltens entstehen oft neue Ideen. Das Gesamtwerk ist selten von Anfang an durchgeplant, sondern entwickelt sich nach und nach auf bisweilen erstaunliche Weise!

Einige Beispiele für Bilder, die „wachsen“:

- Malen mit Wasserfarben/Zeichnen mit Buntstiften
- Malen mit Gouache-Farbe/Zeichnen mit Wachsmal- oder Ölpastellkreiden
- Malen mit bunten Farben/Zeichnen mit schwarzem (oder andersfarbigem) Filzstift
- Malen mit Wasser- oder Gouache-Farbe/Kringel und Spuren mit Goldstift
- Zeichnen mit Wachskreiden/Malen mit Wasserfarben. Auf den Spuren der Wachskreiden perlt die Wasserfarbe ab.
- Auf ein Bild, gemalt oder gezeichnet, wird zusätzlich gedruckt.
- „Mal-Collage“: Auf ein Bild werden zusätzlich Schnipsel, Naturmaterial oder kleine, flache Gegenstände geklebt.

Für Mischtechniken gibt es unendlich viele Möglichkeiten. Alles ist erlaubt, und alles darf miteinander verbunden werden. Das Arbeiten auf diese Art kann zu einer regelrechten Kreativ-Expedition werden!

Ein Rahmen macht das Bild zum Kunstwerk

Ein Blick durchs Fenster

Manches Bild, das bei uns im Alltag gemalt wird, ist im Ganzen nicht sehr ansprechend, aber einzelne Teile sehen wirklich gut aus. Viel zu schade für die Abfallkiste! Sollten wir es nicht lieber zerschneiden und kleinere Bilder daraus machen?
Eine praktische Hilfe dafür sind Rahmen in verschiedenen Größen, die wir aus Pappe ausschneiden. Nun kann unser Blick durch diese „Fenster" – die wir auf das Blatt, das wir zerschneiden wollen, legen und verschieben – übers Bild wandern und entscheiden, welcher Ausschnitt uns (oder vielmehr dem kleinen Maler) am besten gefällt. Mit einem weichen Bleistift zeichnen wir die Umrisse auf. An diesen Linien entlang schneiden wir das ausgewählte „Kleinbild" aus. Nun fehlt nur noch ein Rahmen, damit es einen würdigen Platz in unserer Kindergalerie bekommt!

Gerade bei den ersten Malversuchen, die auf großem Papier gemacht werden, oder bei Kritzelbildern, die manchmal gar kein ganzes Blatt ausfüllen, sondern sich nur auf einen kleinen Bereich konzentrieren, sind solche großen und kleinen „Fenster" eine gute Hilfe, um Bilder zu „verdichten" und Platz sparend aufzubewahren. Bei der Flut von Bildern, die manche Kinder malen, bleibt uns gar nichts anderes übrig als auszusortieren und die Malereien auf diese Weise zu „sichten". Die Kinder werden bei der Ausschnittsuche auf jeden Fall mit einbezogen!

Bilder auf einfarbigem Fotokarton

Der einfachste, aber doch wirkungsvolle Rahmen für ein Bild ist ein Stück Fotokarton, auf das man das Bild klebt. Wesentlich für den Gesamteindruck ist es dabei, ob ein schmaler oder ein breiter Fotokartonrand um das Bild zu sehen ist. Das Kind, dessen Bild gerahmt werden soll, sucht sich eine Farbe aus. Der Erwachsene schneidet ein Rechteck zu, an allen Seiten etwas breiter als das Bild selbst. Größere Kinder können das selber, wenn wir ihnen das Format aufzeichnen.

Damit Sie sich nicht ärgern, wenn sich das Kind für Rosa entscheidet, obwohl das Ihrer Meinung nach überhaupt nicht passt, bieten Sie es ihm erst gar nicht zur Auswahl an! Damit das Endergebnis dem entspricht, was Sie für ästhetisch vertretbar halten, suchen Sie lieber vorher einige geeignete Farbtöne aus, zwischen denen das Kind dann wählt.

Variationen mit Fotokarton

- Besonders „edel“ sieht es natürlich aus, wenn wir ein **Passepartout** schneiden, hinter das dann das Bild geklebt wird. Dadurch verschwinden die Ränder des Blattes unter dem Rahmen. Dazu gehört allerdings viel Geschick und Übung und das richtige Werkzeug. Gekaufte Passepartouts sind meist teuer, vor allem, wenn sie aus dickem Karton geschnitten sind. Für besondere Anlässe wertet solch ein Rahmen aber ein Bild entsprechend auf!
- **Streifen aus Fotokarton** verwenden wir als „Rahmenleisten“. Sie werden wie auf der Skizze (s. S. 62) zu sehen überlappend um das Bild geklebt. Meist wirken verschiedenfarbige Streifen als Rahmen zu unruhig. Manchmal kann aber auch gerade die Vielfältigkeit sehr lebendig und attraktiv sein. Auch hier ermutige ich Sie dazu, vieles auszuprobieren!
- Meistens sind Bilder (samt Rahmen) rechteckig. Warum aber nicht einmal runde, dreieckige oder sonstige **Formen** verwenden? Mit Fotokarton können wir so viel gestalten, und in der gleichen Weise wie den Rahmen schneiden wir dann eben auch ein Fenster für den Bildausschnitt.
- Rahmen dürfen auch **gestaltet** werden, sie müssen nicht immer nur einfarbig sein. Wir sollten allerdings darauf achten, dass ein Bild nicht durch den Rahmen „erstickt“ wird. Ein Rahmen rückt ein Gemälde ins rechte Licht. Aber er tritt normalerweise in seiner Wichtigkeit dennoch in den Hintergrund. Mit Kindern muss man das alles aber nicht so genau nehmen. Die Freude am Ge-

stalten steht an erster Stelle! Aber es ist gut zu wissen, dass auch hier weniger oft mehr ist, und dass nicht alles gemacht werden sollte, was machbar ist. Auf einen schlichten einfarbigen Rahmen aus farbigem Karton passen manchmal auch: Tupfen/eine Linie: gerade oder in Schlangen- oder Zickzackform/ aufgeklebter Glitzer/Goldtupfen (als „Tupfer" eignen sich Wattestäbchen) – vor allem, wenn es ein Geschenk werden soll/Naturmaterial: kleine getrocknete Blätter, Sand (s. S. 44 „Am Strand"), Zapfenschuppen usw.

- Oft ist es schöner, nur in den Ecken des Rahmens etwas zu malen oder aufzukleben.

Rahmen aus Fotokarton

... aus Fotokartonstreifen

Im begeisterten Arbeiten finden manche Kinder kein Ende, und ihr Werk ist zum Schluss restlos überladen. Hier sind Grenzen wirklich angebracht.
Wie gesagt: Sie als Erwachsener entscheiden über das Materialangebot und können damit durchaus in positiver Weise das Ergebnis beeinflussen, ohne die Kinder an Anweisungen zu binden.

Eine Anmerkung zum Schluss:
Selbstverständlich ist nicht nur Fotokarton „rahmentauglich", sondern Wellpappe und viele Arten von Kartons, auch Abfallmaterial wie Schachteldeckel oder ähnliches.
Werden Sie mit den Kindern Rahmensucher und -finder!

Wie wirkt unser gerahmtes Bild?

Ein knapper Rahmen wirkt anders als ein großzügig bemessener. Ein heller Rahmen bringt ein Bild in anderer Weise zur Geltung als ein dunkler. Ebenso beeinflusst die Farbe des Rahmens das Gesamtkunstwerk. Wählen wir eine Farbe aus, die irgendwo im Bild vorkommt? Oder gefällt uns eine Kontrastfarbe besser?
Sich mit diesen Fragen zu beschäftigen, hat viel mit Wertschätzung zu tun: mit der des Bildes und des Malers!

„Wie würdest du Kandinsky rahmen?“

Mit größeren Kindern beschäftigen wir uns während eines Kunstprojekts mit berühmten Malern. Werke von Kandinsky, Marc, Hundertwasser, Klee und Miró werden in der Arbeit mit Kindern besonders gern verwendet. Jeder andere Maler, der Sie anspricht und Ihnen für Ihr Vorhaben geeignet scheint, bietet sich aber genauso an!
Ein Teil dieses Projekts behandelt auch die Stimmung, die Farben bei uns auslösen können, und die Frage, welche Farbe als Rahmen um ein bestimmtes Bild passt.

Der Erwachsene legt Fotokarton in DIN A4 in verschiedenen Farben bereit und dazu einige Kunstpostkarten.
Eine kleine Gruppe von höchstens 6 bis 8 Kindern überlegt nun der Reihe nach, welcher Hintergrund für welche Karte passen könnte. Vielleicht sagt der eine oder andere auch, warum ihm die Farbe für genau diese Karte gefällt.
Der Reihe nach kann bedeuten:

- Der Erwachsene zeigt eine Kunstkarte, und die Kinder „diskutieren“ über die passende Rahmenfarbe. Beim Entscheiden hilft, wenn die Karte auf verschiedene vorgeschlagene Farbtöne „probegelegt“ wird. Haben die Kinder eine Entscheidung getroffen, zeigt der Erwachsene die nächste Karte.
- Ein Kind nach dem anderen sucht sich eine Karte aus und dazu den seiner Meinung nach passenden Karton.

Respektieren Sie die Entscheidung der Kinder! Versuchen Sie nicht, sie Ihren Vorstellungen entsprechend zu manipulieren. („Diese Farbe sieht doch viel schöner aus, findest du nicht?“)
„Geschmäcker sind verschieden“, heißt es, und positiven Einfluss auf ästhetisches Empfinden können Sie nehmen durch die Gestaltung des Raumes, einer auch in diesem Sinne „vorbereiteten Umgebung“ (Montessori), Ihr Vorbild (auch im normalen Alltag), aufmerksames Betrachten von ästhetischen Dingen – und natürlich die Vorauswahl von Material und vor allem der entsprechenden Farben.

Rahmen aus Holz

Nicht jedes Alltagsbild braucht einen besonderen Rahmen. Ab und zu entstehen aber Bilder, die nicht einfach in eine Mappe gepackt werden sollten. Sie dienen vielleicht längere Zeit als Wandschmuck oder sind ein außergewöhnliches Geschenk.
Meist sind Holzrahmen teuer – vor allem für größere Bilder – und damit für Kindergruppen eine zu große Investition. Aber es geht auch günstiger:

- Wenn Sie begeisterter Flohmarktbesucher sind, werden Sie hier sicher fündig.
- Fragen Sie Eltern nach Rahmen, die nicht mehr gebraucht werden und die schon längst auf dem Dachboden oder im Keller in Vergessenheit geraten sind.
- Bauen Sie einfache Rahmen selbst – vielleicht sogar zusammen mit den größeren Kindern. Oder bitten Sie handwerklich geschickte Väter und Mütter darum. Hier eine von sicher vielen Möglichkeiten:

Rahmen aus gehobelten Dachlatten

Messen Sie die benötigten Längen und sägen sie diese aus den Dachlatten zu. Leimen Sie die Latten-Abschnitte rechtwinklig aneinander (s. Skizze) und stabilisieren Sie die Verbindungen auf der Rückseite mit kleinen Metallwinkeln oder dünnen Sperrholz-Dreiecken.

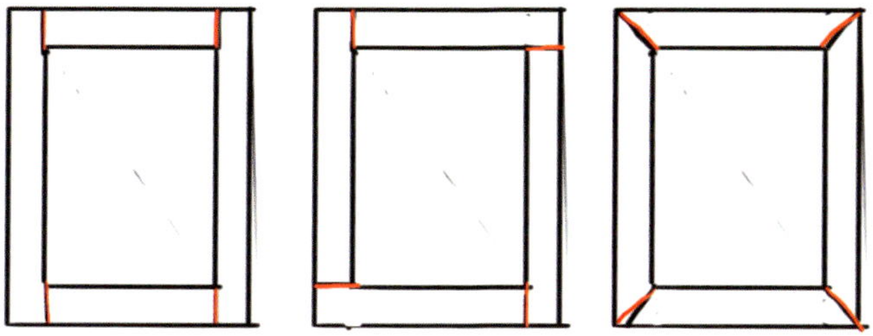

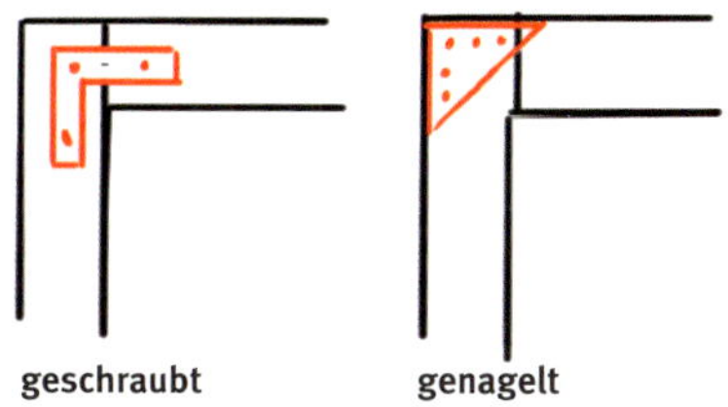

Oder Sie sägen die Dachlatten im 45° Grad-Winkel zu und setzen sie dann in gleicher Weise zusammen.

Gestaltung von Holzrahmen

Will man die Rahmen nicht naturfarben lassen (was manchmal sehr schön aussieht), kann man sie auch gestalten.

- Durch Bestreichen mit **Holzlasur** bleibt die Holzmaserung sichtbar. Die Lasur ordnet sich gut dem Bild unter und ergibt meist einen harmonischen Gesamteindruck, da die Farbe nicht so kräftig ist.
- Der Rahmen wird mit **deckender Farbe** angemalt. Verwenden wir einen Farbton, der im Bild vorkommt, wird der Rahmen ein Teil des Gesamtkunstwerks.
- Wenn es nicht zu unruhig wird, können wir das Holz auch **bunt gestalten** (s. auch S. 61 für Fotokarton). Meist ist es dazu nötig, die Latten erst einmal zu grundieren, d. h. einfarbig zu bemalen und nach dem Trocknen weiter auszuschmücken. Auf dem rohen Holz verlaufen die Farben leicht.

- Reizvoll ist es, wenn wir sozusagen **auf dem Rahmen weitermalen,** d.h. an bestimmten Stellen Farben und Muster/Motive des Bildes aufgreifen und auf dem Rahmen weiterführen. Sicher ist das nur ein Vorschlag für Kinder, die schon gezielt arbeiten und nicht mehr in der Ausprobier-Phase sind (s. S. 29: „Ein kleiner Exkurs ...“).
- Auf manche Rahmen passen **kleine Dinge, die wir aufkleben:** Naturmaterial, Muggelsteine, Schnipsel von besonderem Papier ...

Bilder auf Keilrahmen

Malen wir auf Keilrahmen (z.B. mit Plaka-, Gouache- oder Naturfarben), ist es nicht unbedingt nötig, dieses Bild noch zusätzlich zu rahmen. Es hat einen perfekten Rand und lässt sich ohne Probleme aufhängen.
Trotzdem ist es schön, wenn auch ein solches Werk mit einem Rahmen vollendet wird. Schmale Holzleisten, naturfarben, lasiert oder bemalt, sind rasch mit kleinen Nägeln befestigt und geben dem Bild den letzten „Schliff“.

Kleine Hand-Werker

Basteln – Werkeln – Gestalten

Der Begriff „Basteln“ ist für mich manchmal irreführend. Zu sehr erinnert er an die vielen „Bastelbücher“, die auf dem Markt sind. Ausführliche Materiallisten (mit Farbangaben und anderen detaillierten Hinweisen), Schablonen und Schritt-für-Schritt-Anleitungen garantieren bei exaktem Arbeiten genau das Ergebnis, das auf dem Foto oder der Zeichnung zu sehen ist. Die Befriedigung vieler „Bastler“ liegt wohl darin, der Vorgabe auf ganzer Linie entsprochen zu haben. Variationen und Abweichungen sind selten vorgesehen, und es ist durchaus erwünscht, dass es keine Unterschiede zwischen dem „Original“ im Buch und dem danach gebastelten Produkt gibt.
Wo bleibt dabei das Eigenständige, Unverwechselbare, das unsere Arbeit von der der Maschinen unterscheidet?
Wenn ich den Kindern beim Arbeiten zusehe, hat das nicht im Geringsten mit vorhersehbaren und vergleichbaren Ergebnissen zu tun. „Werkeln“ passt da viel besser, wenn sich die Kinder mit Feuereifer ans Schaffen machen!
„Basteln“, wie ich es oben beschrieben habe, entspricht weder meiner Vorstellung von „kreativem Gestalten“, noch sind kleine Kinder dazu fähig, in dieser Weise zu arbeiten. Gott sei Dank! Welche Vielfältigkeit ginge uns sonst verloren! Zwingen wir die Kleinen also nicht in ein Schema, das ihre Individualität verblassen lässt. Geben wir ihnen lediglich Hilfestellung, damit ihnen ihr eigenes Werk gelingt – und nicht das, was andere (meist Erwachsene) von ihnen erwarten. Lassen wir sie also möglichst oft werkeln und eigene Ideen verwirklichen und befreien wir sie vom Bastel-Zwang!

Trotzdem wird dieses Wort natürlich immer wieder einmal auftauchen, da es im Umgang mit Kindern einfach gebräuchlich ist. „Werken“ oder „werkeln“ klingt für manche Erwachsene zu „schwierig“, und sie meinen, dieses ernsthafte Arbeiten den Kleinen nicht zumuten zu können. Wie stolz aber sind Kinder, wenn sie mit echtem Werkzeug hantieren dürfen und wenn ihr „Werkeln“ ernst genommen wird!

Zum Werkeln gehört das Ausprobieren von Werkzeug:

- mit der Schere Schnipsel schneiden
- mit dem Pinsel Leim auftragen
- mit dem Hammer einen Nagel treffen usw.

und das Herauswachsen der Arbeit aus der Fläche, also der Wandel vom bildnerischen in das plastische Gestalten.

Wie beim Malen sollte auch beim Werkeln den Kindern ein großer Freiraum für eigene Ausdrucksformen bleiben. Vormachen (durch den Erwachsenen) und Nachahmen (durch das Kind) ist bei der Vermittlung von Techniken angebracht; bei der eigentlichen Gestaltung eines Werkes sollten sich die Erwachsenen eher im Hintergrund halten.

Reißen – Schnipseln – Knüllen

Reißen

Papier zu zerreißen macht Spaß, aber es ist gar nicht so einfach. Zieht man an einem Bogen Papier mit beiden Händen nach außen, lässt es sich bei aller Kraft nicht auseinander reißen. Erst wenn eine Hand nach unten geführt wird, gelingt es. So leicht es für uns „Große" erscheint – es ist eine feinmotorische Übung, die kleine Kinder mit ausdauernder Freude praktizieren. Gut also, wenn immer genug Papier da ist, das in kleine Stücke zerrissen werden kann und darf!

Schnipseln

Später verliert das Reißen an Attraktivität – das Schneiden mit der Schere ist bald viel reizvoller.
Vom ersten beidhändigen Schnitt in einen Bogen Papier (hoffentlich Alt- oder Bastelpapier!) bis zum exakten Ausschneiden von vorgezeichneten Formen ist es ein weiter Weg. Anleitung und viel Übung gehören dazu.

Für die erste Zeit ist das „Schnipseln" genau das Richtige, um mit dem ungewohnten Werkzeug „Schere" vertraut zu werden. Von Papierresten kleine Stücke abschneiden, einen Streifen – schnipp schnapp! – in viele Schnipsel verwandeln, die später weiter verwendet werden können, oder ein Blatt rundherum mit Einschnitten zu verzieren: Bei den Kleinen ist das eine beliebte Beschäftigung, bei der mancher mit großer Aufmerksamkeit und für lange Zeit bei der Sache ist. Wir sammeln die Abschnitte in Materialschalen für unsere späteren bunten Gestaltungen.

Knüllen

Obwohl wir kein Werkzeug dazu benötigen, braucht auch das Knüllen von Papierschnipseln Übung – und Kraft in den kleinen Fingern! Gerade aus Krepp- oder Seidenpapier entstehen kleine „Kugeln", wenn wir aus den langen farbigen Streifen, die der Erwachsene vorbereitet hat, viele Schnipsel reißen oder schneiden und dann einzeln mit den Fingern beider Hände eng zusammendrücken.

Schnipsel-Werke

Collagen

Für eine Collage darf kunterbunt alles durcheinander auf ein Blatt geklebt werden. Sinnvoll ist als Grundlage Fotokarton oder beliebige Pappe.
Der Untergrund wird mit Kleister oder Bastelleim bestrichen und mit den Schnipseln beklebt.
Auf Collagen hat nicht nur Papier Platz, sondern auch Stoff, Natur- und Abfallmaterial, Knöpfe, Watte und vieles mehr.

Solche freien Collagen sind als phantasievolle plastische Bilder gerade für kleine Kinder wunderbar geeignet, weil ihr Reiz im Zufall und in der Vielfalt, nicht aber in der perfekten Ausgestaltung liegt. Auch als Gemeinschaftsarbeiten auf einer großen Platte machen sie Eindruck!

Arbeiten die Kinder auf einer Holzplatte, bauen wir danach einen Rahmen aus Leisten um die fertige Collage. Die Leisten können davor bemalt werden. So entsteht ein besonderer dauerhafter Wandschmuck.

Kunterbunte Motive

Einfache Motive sind auch ohne große Erfahrung nicht schwer zu zeichnen. Trauen Sie sich das ohne Schablonen zu!
Viel schöner sieht es aus, wenn statt gleicher Vorlagen sich schon die Grundformen unterscheiden: nicht nur größer und kleiner dürfen Bäume, Häuser usw. sein, auch schmaler und breiter, vor allem aber auch ein bisschen schief und nicht unbedingt symmetrisch! Ein trauriger Wald und ein langweiliges Dorf, wo ein gleicher Baum neben dem anderen steht und sich kaum eine Hausform von der anderen unterscheidet!
Größere Kinder können bei der Vorbereitung der Grundformen mithelfen. Ohnehin werden ihre Zeichnungen meist lebendiger, da sie noch viel freier im Gestalten sind und nicht wie die meisten Erwachsenen unter dem Druck stehen, alles „schön" machen zu müssen (oder zu wollen)!

Bäume

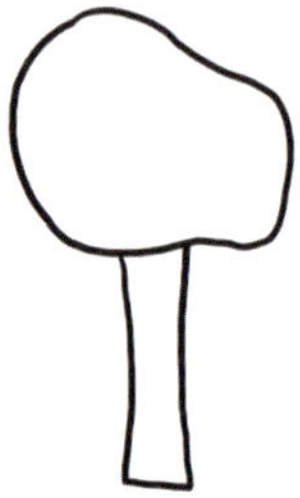

So entsteht unser „Schnipsel-Wald“:

- Aus braunem Fotokarton schneidet der Erwachsene (oder ein größeres Kind) Baumformen aus.
- Die Kinder bereiten viele Schnipsel in Grüntönen vor.
- Die Kinder streichen die Baumkronen mit Kleister ein und kleben die grünen Schnipsel auf.

Variationen

- Sollen die Bäume nicht an der Wand, sondern frei im Raum hängen, wird nach dem Trocknen auch die Rückseite beklebt.
- Geknülltes rotes Krepp- oder Seidenpapier wird als Äpfel auf die grüne Baumkrone geklebt.

Häuser

Unser freundliches Dorf basteln wir so:

- Der Erwachsene bereitet aus hellem Fotokarton Hausformen vor.
- Die Kinder sorgen für viele bunte Schnipsel.
- Die Dächer werden kunterbunt beklebt.
- Dazu kommen noch ein paar wenige Schnipsel für die Fenster und die Türe.

Gestaltungsvorschläge

- Aus den Häusern entsteht, auf einem großen Bogen Papier aufgeklebt, ein Dorf. Zwischen die Häuser zeichnen wir mit dicken Stiften Wege, damit sich die Bewohner auch besuchen können!
- An den unteren Rand unseres Gruppenfensters malen die Kinder mit grüner Fingerfarbe Gras. Nach dem Trocknen der Wiese werden die Häuser mit Klebstreifen an der Scheibe befestigt.

Vögel

Einen ganz besonderen Vogel hat ein vierjähriger Junge gemalt, der mich erst gebeten hatte, ihm dieses Tier vorzuzeichnen.
Gemeinsam haben wir überlegt: Was gehört zu einem Vogel? Ein Kopf, ein Bauch, Flügel, ein Schwanz, der Schnabel ... Die Füße brauchten wir nicht, denn die sind beim Fliegen meist nicht zu sehen.
Wenn wir nicht recht weiter wussten, half uns auch unser Tierlexikon, das zu den Lieblingsbüchern unserer Kinder gehört.
Voller Phantasie und ganz und gar einmalig wurde der Vogel – zur Zufriedenheit des Kindes und zu meiner Freude.
Auch bei den Tieren gibt es keine zwei gleichen, schon gar nicht bei unseren kreativen und farbenfrohen Geschöpfen. Also lassen Sie sich nicht verführen, nach Schablonen zu suchen! Bereiten Sie lieber auf die vorhin beschriebene Art mit den größeren Kindern zusammen verschiedene Vogelformen vor.
Beim Bekleben mit Schnipseln können dann schon die Kleinsten mithelfen.

Variation

Statt mit Papier – oder auch zusätzlich – werden die Vögel mit kleinen Federn beklebt.
Jeder Vogel wird in verschiedenen Höhen mit einem Faden an dem waagrechten Ast, der bei uns von der Zimmerdecke hängt, befestigt.

Fische

Ganz ähnlich werden die Fische gebastelt. Als Grundform genügt ein Bauch, rund oder länglich, und Flossen oben, unten und als Schwanz.
Nun wird mit bunten Schnipseln beklebt. Das Auge wird aufgemalt oder mit Fingerfarbe aufgetupft oder mit einem Korken gedruckt.
Lauter „Regenbogenfisch"-Freunde haben wir, wenn zum Schluss jeder noch einen Schnipsel aus Gold- oder Glitzerpapier aufklebt!

Bunte Scheiben

Eine schöne Dekoration für die erste Zeit des Jahres, in der uns die Farben in der Natur fehlen, sind einfache bunte Scheiben, die sich bei jedem Luftzug langsam drehen. Sie werden an einem Ast oder einem Reifen, der von der Decke hängt, mit Fäden angebracht.

Grundlage können Bierdeckel oder aus Pappe ausgeschnittene Kreise in verschiedener Größe sein. Die Scheiben werden auf der Vorder- und Rückseite mit bunten Papierstückchen beklebt. Als besonderes Material verwenden wir auch Gold- und Silberfolie und eventuell flache Glitzersteine.

Frau Clown (Gemeinschaftsarbeit)

Der Erwachsene zeichnet auf ein großes Blatt festes Papier (z. B. Packpapier) die Umrisse einer Figur mit Kleid. Dieses wird von den Kindern mit bunten Schnipseln beklebt. Auf dem Kopf bekommt der Clown eine wilde Frisur aus Wollfäden. Das lustige Gesicht wird von einem größeren Kind aufgemalt.

Was wir noch mit Schnipseln bekleben können

Mancher nicht mehr so ansehnliche Gegenstand bekommt durch das Bekleben mit Papierschnipseln ein frisches buntes Kleid. Und Dinge, die sonst in den Müll oder in den Container wandern würden, werden durch diese Verschönerung vollkommen verändert und erhalten einen neuen Wert, zum Beispiel:

- **Schachteln** unterschiedlicher Größe, vor allem Schuhkartons. Sie dienen oft als Schatz- oder Krimskramskisten. Aber auch als Ordnungshelfer sind sie sehr geeignet!
- **leere Dosen,** z. B. von Kaffeepulver. Auch in ihnen kann viel aufbewahrt werden. Für große Stifte sind sie ideal. Achten Sie darauf, dass die Dosen keine scharfkantigen Ränder haben!
- **Ordner,** in denen zum Beispiel die Portfolios der Kinder ihren Platz haben. Als Geschenk kann er zum neuen Sammelordner für Kochrezepte, Briefe oder Rechnungen der Eltern werden.

- **Mappen und Schnellhefter,** zum Beispiel für die Lieder und Fingerspiele, die den Alltag in unserer Gruppe begleiten.

Wenn manche Schnipsel abstehen und nicht gut genug verklebt sind, überstreichen wir die entsprechenden Stellen noch einmal mit Kleister.

Noch mehr Schnipsel-Ideen

Transparentpapier-Schnipsel

Unsere **Vögel und Fische** bringen wir zum Leuchten, wenn wir die Formen auf kräftiges Architektenpapier zeichnen (ähnlich wie sog. Butterbrotpapier, nur viel stärker) oder auf stabile Klarsichtfolie, wie sie z. B. für Bewerbungsmappen verwendet wird. Darauf kleben wir die Transparentpapier-Schnipsel.
Vielleicht müssen wir die fertigen Tiere nach dem Kleben pressen, da sie sich eventuell wellen.
Unsere bunten Vögel sind ein fröhlicher Schmuck am Fenster. Genauso auch die Fische, die wir am unteren Rand der Scheibe befestigen. Mit blauer Fingerfarbe malen wir ihnen rundherum das Wasser dazu, das sie zum Leben brauchen.

Runde **Luftballons** blasen wir auf, verknoten sie, bestreichen sie mit Kleister und kleben transparente Schnipsel auf. Mehrere Schichten (erfahrungsgemäß mindestens drei, lieber mehr) braucht man schon, damit die große Kugel später stabil ist, wenn der Luftballon entfernt wird. In Laternen-Bastelbüchern finden Sie viele Anregungen, was aus diesen runden Formen gestaltet werden kann: Sonne oder Mond (nur mit gelben Schnipseln beklebt), Fische, Gänse (nur weiß) und vieles mehr. Aber auch eine Laterne aus einem kunterbunt beklebten Luftballon ohne weitere Bastelei leuchtet wunderbar, wenn die Kerze beim Martinsumzug in ihr brennt!

Für einen **Ballon,** der als Zimmerdekoration von unserer Decke hängt, kleben wir Schnüre an, die mit einem kleinen Korb oder Karton verknotet sind. Als Ballonfahrer kann unser Morgenkreis-Tier oder der Kasperl dort drinnen sitzen und uns von oben betrachten, vorausgesetzt, die beiden sind nicht zu groß oder zu schwer.

Flache dicke **Gläser,** von Marmelade, Sauerkraut oder anderen Lebensmitteln, aber auch Weckgläser, die niemand mehr braucht, werden durch Kleister und Transparentschnipsel zu bunten **Leuchten**. In der Adventszeit stehen sie auf unserem Tisch und schenken uns ihr warmes Licht. Bei einem Fest im dämmrigen Garten sind die Leuchten helle, farbige Markierungen, und als Geschenk, das zu Hause auf dem Balkon zur Stimmung einer lauen Sommernacht passt, sind diese Lichter bestens geeignet. Ohne Mühe können sie schon kleine Kinder basteln.

Da sich Kleister leicht wieder von den **Fensterscheiben** entfernen lässt, können wir auch hier Transparentschnipsel aufkleben:

- eine gelbe Sonne mit Strahlen, die jeden Tag ein bisschen schönes Wetter zaubert
- eine Wiese mit bunten Blumen
- Schmetterlinge
- Vögel
- einen bunten Rahmen innerhalb des Fensterrahmens
- zur Faschingszeit einfach kunterbunte Kreise
- und vieles, vieles mehr!

In der Druckwerkstatt

Drucken war früher ein Handwerk, bevor Maschinen immer mehr die Arbeit von Menschen übernommen haben.
In unserer Druckwerkstatt dürfen die Kinder noch richtig anpacken, sie müssen auch keine Aufträge ausführen, sondern können frei gestalten, und ungewöhnliche Experimente sind auch erwünscht!

Dinge zum Drucken – „Druck-Sachen“

Meist erinnern sich die Kinder an ihre Handdrucke mit Fingerfarben. Was könnten wir aber noch als „Druckstock“ verwenden, diesmal auch mit anderer Farbe? Wir haben inzwischen eine ganze Kiste voller Material, das Kindern zum Drucken gefällt:

- Korken
- Holzstöckchen in verschiedener Dicke
- Schwämme
- groben Stoff (Rupfen)
- Kordel
- Filmdöschen und Klorollen (um Kreise zu drucken)
- Abschnitte von fester Pappe (für Linien)
- und vieles mehr

Wie bei unserer „Schatzkiste“ zum Basteln (s. S. 15) verändert sich auch das Material fürs Drucken ständig. Neue interessante Dinge werden entdeckt und ausprobiert – z. B. unsere „Duplo“-Steine (als Kästchen und Punkte zu drucken) –, anderes wird „aufgearbeitet“ und muss erst wieder ersetzt werden.

Unser Druckmaterial ist nicht teuer, da vieles davon ohnehin als Abfall oder „wertloses Material“ gilt – von wegen!
Im Herbst drucken wir natürlich viel mit Blättern und anderen Dingen, die uns die Natur schenkt.

Farben

Die meisten dickflüssigen Farben eignen sich für unsere Kinder-Druckerei. Wir können sie auf verschiedene Weise auf den Druckstock, z. B. hier auf einen Korken, aufbringen:

- Wir malen den Korken mit dem Pinsel an.
- Wir drücken den Korken in die Farbe. Oft wird aber dabei der Abdruck sehr „klecksig“ und ungenau, da sich die Menge der Farbe nicht so gut steuern lässt.
- Wir rollen mit einer kleinen Walze zuerst über die Farbe, die sich in einer flachen Schale befindet, und dann über den Korken. Diese Arbeitsweise eignet sich vor allem für größere Druckstöcke.

Am Anfang verstehen die Kinder oft noch nicht, dass jedes Mal wieder neu eingefärbt werden muss, bevor erneut gedruckt werden kann. Allerdings sehen auch Zweit- oder Mehrfach-Abdrucke, die nicht mehr „vollständig“ sind und mit jedem Mal blasser werden, interessant aus!

Drucken mit Moosgummi-Stempeln

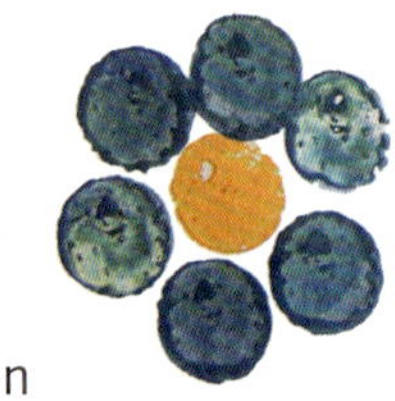

Ein Material, das ich zum Basteln nicht besonders mag, das sich aber ausgezeichnet zum Drucken eignet, ist Moosgummi. Für mich hat er schon lange den Kartoffelstempel abgelöst, den die meisten von Ihnen noch aus ihrer eigenen Kindheit kennen.
Auf Moosgummi kann man mit einem Filzstift ein Motiv zeichnen. Mit einer Schere lässt er sich, auch von Kindern, leicht schneiden. Innenteile werden mit

einem Schablonenmesser oder einer spitzen kleinen Schere vom Erwachsenen herausgeschnitten.
Moosgummi gibt es in verschiedenen Stärken (und Farben, was zum Drucken aber keine Rolle spielt). Je dicker das Material ist, umso einfacher lässt es sich später drucken.
Das fertige Druckteil leimen wir auf ein passendes Holzklötzchen und pressen es, bis der Leim (z. B. Ponal Holzleim) getrocknet ist. Fertig ist unser Druckstock!
Neben verschiedenen einfachen Formen (Streifen, Rechtecke, Kreise, Dreiecke, Haus usw.) kann der Erwachsene auf Wunsch auch Tierumrisse aus Moosgummi schneiden.

Buchstaben drucken

Unsere „großen“ Kinder sind stolz darauf, ihre Namen schreiben zu können, sie entdecken auch „ihre“ Buchstaben in unbekannten Wörtern und interessieren sich für alles, was nach Schrift aussieht.
In unserer Gruppe gibt es deshalb auch ein ABC mit allen Buchstaben und den Zahlen als Moosgummi-Stempel.
Damit die Buchstaben später deutlich und gut zu lesen sind, übernimmt das meiste der Vorbereitungen der Erwachsene, vor allem das Aufzeichnen mit einem dünnen Filzstift und das Ausschneiden komplizierter Formen.
Wichtig ist bei den Buchstaben-Stempeln, dass sie *seitenverkehrt* aufgeklebt werden. Bei manchen spielt das keine Rolle (z. B. A, H, T, O usw.), aber bei den meisten ist es doch unbedingt zu beachten.

Fürs spätere Drucken ist es hilfreich (und hat sich bei uns in der Praxis bewährt), wenn wir auf die Seite des Klötzchens, die beim Drucken auf dem Blatt nach oben zeigen soll, einen dicken *roten Punkt* malen. So haben die Kinder, die schon weitgehend selbständig arbeiten können, eine Orientierung – und sind später nicht enttäuscht, wenn die Buchstaben auf dem Kopf stehen. Auch wenn

das bei manchen Buchstaben nicht relevant ist, ist es doch sinnvoll, das ganze ABC in dieser Weise zu markieren.
Mit Begeisterung drucken die Kinder mit diesen Stempeln ihre Namen (z. B. auf ihre Malmappe), aber auch kunterbunte Buchstaben-, Tier- und Formenbilder, die manchmal noch zusätzlich mit Fingerfarben oder Kritzeln verziert werden.

Kreative Bau-Meister

Bauklötze

Eine Kiste mit **Bauklötzen** gehört meist zu den ersten Spielsachen für kleine Kinder. Zuerst wird ausgiebig das Material erforscht, seine Eigenschaften und natürlich die vielen Verwendungsmöglichkeiten. Hier entstehen die ersten Bauwerke, vor allem Mauern und Türme, und die Kleinen begegnen den ersten physikalischen Gesetzen, ohne dass sie wissen, dass es diese gibt.
Verschieden große Klötze sind eine unerschöpfliche Quelle für Experimente und Entdeckungen, für Niederlagen und Erfolge, Spannung und Freude – also für Kreativität. Aus Türmen werden bald Brücken und Häuser, Bauernhöfe und Burgen, phantastische Gebäude und Landschaften.
Bei größeren Kindern ergibt das zusätzliche Angebot von **Naturmaterial** (z. B. große Kiefernzapfen, Rinde, Steine) und kleinen farbigen Tüchern, wie wir sie auch in der Rhythmikstunde verwenden (40 × 40 bis 80 × 80) neue Anregungen für die kindliche Phantasie und Kreativität.

So sehr ich Steck- und Konstruktionsmaterial schätze, von dem „Lego“ wohl immer noch das bekannteste ist, finde ich es doch schade, dass das Spielen mit Holzklötzen in manchen Gruppen in den Hintergrund gerät. Wie oft habe ich erlebt, dass Kinder mit dem vorgefertigten Material aus Plastik immer wieder das Gleiche bauen: ein Flugzeug, ein Auto, ein (immer gleiches) Haus – und damit weder in ein kreatives Gestalten noch in ein phantasievolles Spiel kommen.

Wie viel mehr Möglichkeiten gibt es da mit Bauklötzen und anderem Material, die ihrer Einfachheit wegen in ihrer Verwendung viel weniger festgelegt sind und deren Vielseitigkeit Kinder ohne jeden Bauplan selbst entdecken können.
Kreative Kinder sind meist ausdauernder, zufriedener und selbstbewusster. Unsere Aufgabe als Erwachsene besteht darin, ihnen Raum, Zeit und das richtige Material zur Verfügung zu stellen, damit sie diese Kreativität entwickeln und ausleben können.

Sand und Erde

„Wie siehst du denn wieder aus!“ Dieser Ausruf von Eltern, die ihre Kinder nach einem Tag im Kindergarten abholen, ist Ihnen sicher vertraut.
Ich wünsche mir sehr, dass alle Kinder – in Zeiten von Waschmaschine, Trockner und pflegeleichter Kleidung – die Chance haben, in sinnlichen Kontakt mit ihrer Umwelt und in die direkte Berührung (wörtlich gemeint!) mit der Natur zu kommen.
Für kleine Kinder ist selten etwas „Bäh“ – sie lernen von uns Erwachsenen diese Bewertung kennen, die bisweilen eine ungerechtfertigte Abwertung darstellt.
Manche Kinder sind im **Sandkasten** hilflos, wenn Schaufel, Eimer, Förmchen oder Bagger einmal nicht aus dem Schuppen geräumt werden. Sie haben vergessen oder durften es nie erleben, was für ein wunderbares Bau- und Fühlmaterial der Sand ist und was für ein erstaunliches, vielseitiges Werkzeug unsere Hände sind! Die Idee des „Spielzeugfreien Kindergartens“ könnte uns auch draußen im Garten ein Anstoß sein, Fahrzeuge und andere Spielsachen nicht jeden Tag zur Verfügung zu stellen und damit neue Spielmöglichkeiten (bzw. alte, leider verschüttete) zu eröffnen.

Noch viel schöner als ein Sandkasten ist ein Stück **Erde,** ein unbewachsenes Fleckchen, in dem sich buddeln und matschen lässt, in dem kleine Tiere entdeckt werden, die im Boden leben, und Landschaften mit Stöckchen und Steinen gebaut werden können. Kinder haben bald eigene Einfälle, was sie spielen und gestalten können und was sie dafür vielleicht noch brauchen. Nicht nur Natur-

erfahrung, sondern auch selbständiges Handeln, Teamarbeit und Kommunikation sind bei diesem Spiel wichtige Aspekte.
Voraussetzung für diese freien Spielmöglichkeiten ist natürlich an erster Stelle, dass Sie selbst kein Problem mit Matsch und „Dreck“ haben und das auch vor den Eltern vertreten können, ohne dass es zu Konfrontationen kommt. Zweckmäßige Kleidung (z. B. Matschhose) sollte da sein, Zeit zum Umziehen muss eingeplant werden, der Garten muss groß genug sein, damit solche „Kreativ-Ecken“ eingerichtet werden können, und auch der Träger sollte dahinter stehen.
Scheint Ihnen das zu schwierig zu sein, dann gönnen Sie den Kindern doch wenigstens im Sommer in der Zeit von Barfuß-Gehen und Badehose ab und zu einen „Matschtag“! Dazu muss es keine Erdgrube im Garten geben. Genügend Sand oder Erde in einer großen Wanne, in der sich die Kinder auch „suhlen“ können, ist sicher ein herrliches Vergnügen. Und mit einem Eimer voll lauwarmem Wasser oder dem Gartenschlauch für die Mutigen sind alle schnell wieder sauber!

Knete, Ton & Co

Wenn ein Kind seine Finger in einen Klumpen Knete, Ton oder ähnliches Material gräbt, spürt es die Konsistenz und ahnt vielleicht schon, welche Möglichkeiten in diesem Material stecken.
Gönnen Sie den Kindern eine lange Zeit der eigenen Erfahrung, lassen Sie sie kneten, bohren, drücken, zusammenrollen, Teile abreißen – alles, was Kindern eben einfällt. Dazu brauchen wir kein Werkzeug, sondern nur unsere Handflächen, Finger und Fäuste.
Vormachen und nachmachen ist nicht immer der beste Weg, um die schöpferischen Kräfte in Kindern zu wecken und zu fördern. Viel zu schnell werden von Erwachsenen oft Werkzeuge wie Plastik- und Holzmesser, kleine Teigroller und Ausstechförmchen (die Schablonen für Knete!) hervorgeholt, ohne erst mal auf den Forscherdrang der kleinen Hände und Finger zu vertrauen. Nun wird produziert: Knete-Plätzchen in verschiedenen Formen entstehen, und bald wird vergessen, dass unsere Hände das vielseitigste Werkzeug sind. Es gibt Kinder, die

weder eine Kugel noch eine Schlange formen können, die doch die Grundlage für viele Phantasiegestalten, kleine Tierplastiken, Figuren und auch für Rollenspiele sind (z. B. „Wir kochen heute Knödel“).

Probieren Sie für oder mit den Kindern verschiedene Materialien zum Kneten und Formen aus. Es gibt ein großes Angebot in Bastelgeschäften und Fachkatalogen. Motivieren Sie die Kinder zum freien Gestalten, indem Sie selbst mit dem Material „spielen“:

- Wie fühlt es sich an?
- Was passiert, wenn ich es rolle, drücke, mit den Fingern hineinbohre?

Es *muss* nichts Konkretes dabei herauskommen; aber gerade dann entstehen oft die erstaunlichsten Dinge!

Übrigens: Auch **Teig** ist eine „Knet-Masse“! Mit den Kindern kleine Brote zu backen ist eine wunderbare ganzheitliche Aktion. Bei uns kommen dabei weder Küchenmaschine noch Rührgerät zum Einsatz, sondern ein großer Kochlöffel und unsere eigene Kraft. Ganz schön anstrengend, stellen die Kinder fest!
Beim Brote formen – vorher knetet jeder sein Teigstück noch einmal kräftig durch – gestaltet jeder sein eigenes kleines Brot.

Werke aus der Bastelkiste

In manchen Gruppen gibt es einen **„Basteltisch“,** der jederzeit für die Kinder zugänglich ist. Scheren, Kleister und Pinsel sind immer erreichbar und dazu eine Kiste mit unterschiedlichstem Material, das frei verwendet werden kann. Neben verschiedenen Papieren und sonstigem (s. S. 15: Schatzkiste) gibt es auch jede Menge kleiner Schachteln und Rollen (Klorollen, leere Rollen von Haushaltstüchern usw.). So können die Kinder nach Lust und Laune schneiden und kleben, und es entstehen nicht nur die verrücktesten Collagen, sondern auch Bauwerke aller Art.

Der Erwachsene ist nicht nur der, der diese „vorbereitete Umgebung“, wie es Maria Montessori genannt hat, schafft, sondern er hilft auch, wenn es nötig ist (z. B. wenn es Probleme mit der Statik gibt), er ist unterstützender Begleiter und sorgt für genügend Material und die manchmal notwendige Ermutigung.
Nicht immer freuen sich die Eltern, wenn ihr Kind schon wieder ein „Bauwerk“ mit nach Hause nehmen will. Versuchen Sie als Erzieher zu erklären, wie wichtig es ist, dass ein Kind Anerkennung für seine Arbeit bekommt. Denn Arbeit ist das! Aber treffen Sie auch **Absprachen mit den Kindern**. Wenn die Kleinen spüren, dass sie ernst genommen werden und dass das, was sie tun, anerkannt wird, verstehen sie schon bald, dass nicht jedes Bild und jedes Bauwerk aufbewahrt werden kann.
Wenn wir gemeinsam Freude am kreativen Ausdruck entwickeln und oft schöpferisch tätig sind, wird es manchmal sogar leichter, etwas Fertiges loszulassen (den Ton z. B. wieder einzustampfen) und aus dem frei gewordenen Material wieder etwas Neues anzufertigen.

Übrigens: **Fotos** können beim Loslassen helfen, wenn es gar zu schwer scheint. So haben wir zumindest die sichtbare Erinnerung, wenn es das „handfeste“ Geschaffene längst nicht mehr gibt.

Geschenke aus der Kinderwerkstatt

Auch wenn unsere Devise ist: „Der Weg ist das Ziel“, auch wenn der Prozess (des Gestaltens) wichtiger ist als das Produkt, das dabei entsteht, gibt es doch Gelegenheiten, bei denen wir – auch mit kleinen Kindern – zum Schluss etwas Fertiges in der Hand halten wollen.
Weihnachten, Ostern, Mutter- und Vatertag, Geburtstage und Abschiede sind Anlässe, zu denen Geschenke und die Freude daran einfach dazu gehören.
Vieles können die Kleinen ganz allein. Manches braucht die Unterstützung eines Erwachsenen. Aber schade und ohne einen eigentlichen Sinn ist es meiner Meinung nach, wenn ein Erzieher ein Geschenk produziert, bei dem die Mitarbeit des Kindes kaum sichtbar wird. Natürlich müssen manche Eltern erst davon überzeugt werden, dass das offensichtlich kindliche Geschenk wertvoll ist, obwohl es weit von jeder Perfektion entfernt ist. Aber gerade deshalb ist es etwas Besonderes!
Wirklich perfekt ist keiner von uns und zu keinem Zeitpunkt. Darauf hinzuarbeiten ist ein Lernprozess – wobei noch die Frage ist, was wir unter Perfektion verstehen. Für Kinder spielen diese Überlegungen keinerlei Rolle. Stolz können Eltern sein, wenn ihr Kind mit Freude und Ausdauer an dem Geschenk gewerkelt hat und wenn es ihm und seinen Fähigkeiten entspricht. Versuchen Sie den Eltern zu vermitteln, dass die Individualität ihres Kindes, auch im gestaltenden Ausdruck, besonders, einmalig und liebenswert ist!

Aus der Bildergalerie

Viele Kinderbilder, die im Laufe des Jahres entstehen, eignen sich als Geschenke.
Im Abschnitt „Ein Rahmen macht das Bild zum Kunstwerk“ (S. 59) finden Sie viele Anregungen, wie Sie Bilder in besondere Überraschungen verwandeln können.
Nach und nach sammeln wir schon im Hinblick auf bestimmte „Geschenktermine“ (z. B. Weihnachten) Bilder, die wir dann verwenden wollen und verschönern. So bleibt nicht die ganze Arbeit bis kurz vor den ohnehin oft überladenen Vorbereitungstagen vor einem Fest.

Fotos im Rahmen

Eines der schönsten **Muttertagsgeschenke** in unserer Gruppe – wir erkannten das an den vielen erfreuten und dankbaren Rückmeldungen der Mamas – waren gerahmte Fotos ihrer Kinder, in einem Rahmen aus Fotokarton, der von den Kindern mit Fingerfarben verziert worden war.

Das Foto

Schon bei den Fotos gab es viel „Kinder-Beteiligung". Aus einer speziell für diesen Anlass zusammengestellten **Verkleidungskiste** durften die Kinder sich etwas aussuchen, was sie zum „Fototermin" tragen wollten. Da gab es Seidenblusen und bunte Tücher, Gürtel, Ketten und Armbänder, Haarreifen und Hüte. Viel Glitzer war dabei und edel glänzende Stoffe. Was für eine kunterbunte, fröhliche und „vornehme" Modenschau ergab das!
Auch den Platz, an dem sie fotografiert werden wollten, wählten die Kinder selbst. Favorit waren die gelb blühenden Forsythienbüsche am Weg vor unserem Gartenzaun, ein Hintergrund, der die fröhlichen Kindergesichter noch mehr zum Leuchten brachte.

Der Rahmen

Wir boten den Kindern Fotokarton DIN A4 in verschiedenen Farben an. Da wir um das Foto (10 cm × 15 cm) einen kleinen unbemalten Rand haben wollten, schnitten wir für jeden Karton aus weißem Papier ein Rechteck aus (12 cm × 17 cm) und hefteten es mit kleinen Doppelklebern in die Mitte des Fotokartons, damit die Kinder eine sichtbare Grenze für ihre Malerei hatten. Klecksten sie trotzdem auf das weiße Blatt, machte das nichts aus, da es ja später wieder entfernt wurde.
Zum **Malen** suchte sich jeder zwei bis drei Farbtöne aus. Unser Vorschlag waren bunte Fingerfarben-Tupfen. Wir stellten aber im Nachhinein fest, dass auch

größere Flecken und Farbschmierer ein wunderschöner Schmuck waren! Was wieder einmal bewies, dass die Kinder oft gar keine Vorschläge brauchen.
Nach dem Trocknen lösten wir das Papier in der Mitte und klebten das Foto des Kindes auf. Durch den unbemalten Rand um das Foto, der auf diese Weise entstanden war, bekam das Geschenk, so einfach es war, eine richtig „künstlerische“ Note. Kein Wunder, dass die Eltern restlos begeistert waren! Kunstwerk und Portrait des Künstlers in einem – das war schon etwas Besonderes, fanden auch wir.

Geschenkpapier und Karten

Viele der vorher beschriebenen Techniken können dazu verwendet werden, Geschenkpapiere und Karten damit herzustellen.

Geschenkpapier

Zum Einpacken darf das Papier nicht zu fest sein, da es sich sonst nicht gut falten lässt. Nicht zu dickes weißes Papier oder helles Packpapier sind gut dafür geeignet.

Zum Dekorieren bietet sich an:
- bemalen mit Plaka- oder Gouache-Farbe o.Ä.
- bekritzeln mit Stiften oder Wachskreiden
- Kleisterfarben (s. S. 45)
- jede Art von Stempelei (für Weihnachten z.B. Moosgummistempel mit den Motiven Stern, Tannenbaum, Herz usw.).

Die Farbe, mit der verziert wird, muss gut trocknen, damit sie beim Einpacken nicht verwischt, und sollte nicht zu dick aufgetragen werden, da sie sonst beim Falten abbröckeln könnte.
Auf das fertig verpackte Geschenk können noch zusätzlich, wenn es nicht zu viel wird, Papierschnipsel, kleine Basteleien (z. B. Papierblumen, Sterne usw.) oder Naturmaterial (z. B. Blätter und Gräser) aufgeklebt werden.
„Veredelt“ wird manches Geschenkpapier, wenn wir es nach dem Malen mit Goldfarbe betupfen oder sparsam Muster darauf zeichnen.

Karten

Aus größeren Bildern schneiden wir interessante kleinere Teile aus und kleben sie auf vorbereitete einfarbige Klappkarten, selbst geschnitten aus Fotokarton oder fertig gekauft.
Ist der Rahmen um diese kleinen Bilder großzügig bemessen, sehen eine aufgeklebte Feder oder andere kleine flache Gegenstände als zusätzlicher Schmuck auf dem Rand manchmal sehr reizvoll aus.

Ordner – Mappen – Schachteln – Tüten

Unscheinbare Dinge wie schwarze Ordner, langweilige Mappen, Verpackungsschachteln (z. B. Schuhkartons) oder wenig attraktive Packpapiertüten bekommen ein völlig neues Gesicht, wenn wir sie mit Kinderbildern bekleben.

Ordner und Mappen

Gestaltete DIN A4-Fotokartons (z. B. „Murmelbilder“ s. S. 50) machen aus Ordnern, Mappen oder Schnellheftern schöne Einzelstücke. Aus einem Ordner kann so ein individueller Sammler für die Portfolio-Seiten des Kindes werden. In dieser Weise geschmückte einfarbige Schnellhefter aus Pappe sind ideal als unverwechselbare Liedermappen für jedes Kind.

Schachteln

Schuhkartons müssen nicht extra ein neues „Kleid" aus gestaltetem Papier bekommen, sie werden direkt bemalt (z. B. mit Plakafarben), zuerst einfarbig und eventuell mehrmals, damit die Farbe gut deckt und die Schrift und das Design auf dem Karton nicht mehr zu sehen sind. Danach wird bemalt, bedruckt oder beklebt – für „Unersättliche" auch alles zusammen!
Bunte Papierschnipsel sind eine hübsche Gestaltung, die schon die Kleinsten bewerkstelligen können.

Damit nicht ganz glatt verklebte Papierstücke nicht abstehen und sich vielleicht wieder lösen, sollte die Schachtel an diesen Stellen noch einmal mit farblos trocknendem Kleber (z. B. Kleister) überstrichen werden.

Edle Verpackungen

Für einen Weihnachtsbazar verwandelten wir Erwachsene die „Murmelbilder" der Kinder in exquisite kleine Verpackungen. Ein Seidenschal, ein paar Süßigkeiten oder andere kleine Geschenke finden in solchen besonderen Schachteln ihren Platz.
Bei mir als leidenschaftlicher Ideen-Sammlerin kommen manche kleinen Schachteln – z. B. Verpackungen von Kosmetik oder Pralinen – nicht gleich in den Container.

Der Tipp, den mir ein phantasievoller Bastler einmal gegeben hat, gefällt mir: Besondere Schachtelformen sind viel zu schade zum Wegwerfen! Öffnen Sie die Laschen und lösen Sie vorsichtig die Klebestellen. Falten Sie die Schachtelteile auseinander – damit erhalten Sie ein Muster für eigene bunt gestaltete Schachteln, das immer wieder verwendet werden kann!

Tüten

Einfarbige Tüten aus Papier bieten sich ebenfalls an zum Bemalen, Bedrucken oder Bekleben. So wird mit wenig Aufwand aus einer einfachen Einkaufstüte eine Geschenkverpackung.
Auch aus kleinen Tüten können wir – wie oben bei den Schachteln beschrieben – Muster herstellen und fertigen mit dieser Vorlage aus großen Bildern individuelle Tüten.

Weihnachtsgeschenke

Kalender

Ein Kalender ist nicht nur ein viel-seitiges Weihnachtsgeschenk – er ist ein Geschenk für das ganze kommende Jahr und bringt für jeden Monat eine neue bunte Überraschung und Freude!

Wir bekleben das Deckblatt und die 12 Monatsblätter eines Blanko-Kalenders abwechselnd mit einem Foto des Kindes und mit einem von ihm gemalten Bild.

Dadurch ist der zeitliche Aufwand nicht so groß, und wir kommen nicht in Termindruck und „Produktions-Stress". Manches Foto zeigt vielleicht den kleinen Maler in Aktion, auf der nächsten Seite ist dann das fertige Werk zu bewundern. Murmelbilder, Drucke und Frottagen, wie sie vorher beschrieben wurden, brauchen nicht viel Zeit, machen aber trotzdem viel Spaß und sehen richtig künstlerisch aus.
Auf den weißen Kalenderblättern machen sich außerdem schon die bunten Tonpapier- oder Fotokarton-Hintergründe oder Rahmen, die wir aufkleben, gut, gerade wenn die Bilder sehr einfach sind. Mit so einer farblichen Aufwertung wirken sie gleich ganz anders!
Einige der Bilder sind den Jahreszeiten angepasst, auch die Fotos natürlich, wenn sie im Freien aufgenommen wurden.

Vorschlag für ein **Januarbild:** Auf mittel- oder dunkelblauem Untergrund wird mit Korken in verschiedener Größe und weißer Farbe gedruckt. So entsteht ein kleines, aber feines Winterbild, das schon kleine Kinder selbständig anfertigen können!
Im **Herbst** kleben wir vielleicht nur ein von den Kindern ausgewähltes getrocknetes Blatt auf. Fingerfarbentupfen in herbstlichen Tönen kommen als Ergänzung dazu.

Sterne für die Adventszeit

In der Vorweihnachtszeit gehören Sterne aller Art zu unserem Alltag mit dazu. Aus Fotokarton gebastelt, bunt oder in Gold und Silber, sind sie auch willkommene Geschenke als Schmuck für Adventszweige oder den Tannenbaum, aber ebenso als Dekoration für die Wand oder das Fenster.
Verwenden Sie auch für die Sterne keine Schablonen. Viel schöner sieht es aus, wenn die Zacken nicht gleichmäßig und einheitlich sind und die Sterne, die entstehen, sich schon von der Form und Größe her unterscheiden.
Sterne, die aufgeklebt werden, brauchen nur die Gestaltung auf einer Seite. Frei hängende Sterne werden auf der Vorder- und Rückseite dekoriert.
Hier einige Anregungen, die Sie und Ihre Kinder hoffentlich durch viele kreative Ideen verändern und ergänzen:

Sterne aus Fotokartonstreifen

Größere Kinder schneiden etwa 10 cm lange Streifen aus, ca. 1 bis 2 cm breit. Sie dürfen „krumm und schief“ sein, unterschiedlich lang natürlich auch. Die ganz ungeeigneten Kartonteile wandern in die Schnipselkiste; genügend Streifen bekommen wir auf jeden Fall von fleißigen Bastlern.
Die Kinder suchen sich jeweils 4 Streifen aus und kleben sie, eventuell mit der Hilfe des Erwachsenen, sternförmig aufeinander.
Für die Mitte wählen sie zum Aufkleben noch einen besonderen Papierschnipsel oder einen kleinen Edel- oder Glasmuggelstein aus.
Unsere Sterne dürfen ausdrücklich bunt sein, aber Gold und Glitzer ist natürlich bei vielen Kindern besonders beliebt.

Dekorierte Sterne aus Fotokarton

Freie Sternformen werden auf Fotokarton aufgezeichnet und ausgeschnitten, vom Erwachsenen oder von größeren Kindern. Jedes Kind sucht sich einen Stern aus. Es gibt verschiedene Größen und Farben zur Auswahl, und natürlich ist jede Form ein bisschen anders.

Die Sterne werden je nach Wunsch und Vorstellungen der Kinder bemalt, bedruckt und/oder beklebt.
Ein kleines Mädchen in unserer Gruppe betupfte ihren roten Stern nur mit weißer Fingerfarbe – er sah wunderschön aus!

Variation:
Wir gestalten zuerst den Fotokarton in beliebiger Technik. Nach dem Trocknen werden Sterne aufgezeichnet und ausgeschnitten.

Weihnachtskugeln

An die meisten Tannenbäume gehören Weihnachtskugeln als Schmuck mit dazu. Unsere sind nicht einfarbig und glänzend, wie es oft üblich ist, sondern bunt und gemustert.

Als Grundform verwenden wir **Kugeln aus Acrylglas oder Styropor,** wie es sie in Bastelgeschäften gibt.
Für die Dekoration brauchen wir **dünnes Geschenkpapier,** das mit weihnachtlichen Motiven oder auch nur farbig und jahreszeitlich unabhängig bedruckt ist (Streifen, Kringel, bunte Muster ...). Das Papier wird in größere Schnipsel gerissen. Die unterschiedlichen Muster sollten in einzelnen Materialschalen gesammelt und nicht vermischt werden, da sonst die Kugeln später zu unruhig wirken.
Für jede Kugel suchen die Kinder ihr Lieblingsmuster aus und kleben die Schnipsel mit Kleister auf.

Kerzenständer

Ebenso wie die vielen leuchtenden Sterne sind auch Kerzen Symbole und Begleiter in der Adventszeit.
Für unsere Gruppe, aber auch als Geschenk für zu Hause, gibt es diesmal eine Überraschung aus der Holzwerkstatt. Die kleinen Handwerker basteln eifrig an den einfachen, aber doch außergewöhnlichen Kerzenständern.
Wir sammeln dafür passende **Holzreste** (die es beim Schreiner oft umsonst gibt) oder sägen von Brettern oder Vierkanthölzern Stücke ab. Dabei helfen sicher Eltern gerne mit, denn für kleine Kinder ist diese Arbeit noch zu schwer. Und in diesem Stadium brauchen wir noch keine Sorge zu haben, dass sie die Überraschung erraten könnten!

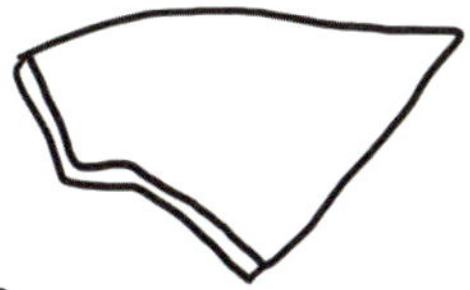

Da unsere Kerzenleuchter sehr verschieden sein können und dürfen, sollen hier keine Maße vorgeben werden. Wichtig ist für das fertige Werk nur, dass die Kerze stabil steht und das Ganze nicht umfällt.

Die Holzteile werden in einer Gemeinschaftsaktion mit **Schleifpapier** an den Kanten und Schnitten geglättet. Da die Kleinen oft nicht genug Kraft und Ausdauer haben, helfen die Erwachsenen hier kräftig mit. Voller Stolz werden die Kinder trotzdem erzählen, dass sie heute in der Schreinerwerkstatt waren!
Besonders schön sieht eine Gestaltung mit **Holzbeize** aus, die auf dem unbehandelten Holz verläuft. Die Kinder suchen sich jeweils zwei Farbtöne aus und tupfen diese Farben auf ihr Holzstück. Es entstehen Farbverläufe und Mischungen. Auf das getrocknete Holz tupfen die Kinder mit Hilfe eines Wattestäbchens kleine Punkte mit Goldfarbe.
Auf die Mitte des fertig bemalten Werkes wird zum Schluss der **Metalldeckel** eines kleinen Marmeladenglases o.ä. fest verleimt, genagelt oder mit stabilem Doppelklebeband (Teppichkleber) befestigt. In diesen Deckel stellen wir die Stumpenkerze oder ein Teelicht.

Variationen:

- Wir **bemalen** das Holz mit dickflüssiger Farbe.
- In Bastelkatalogen und -geschäften finden Sie **fertige Kerzenständer** als Holz-Rohlinge, z. B. in Sternform, die Sie dann gestalten können. Allerdings gefallen mir unsere wirklich einmaligen Einzelstücke noch viel besser!
- Für den Tisch in unserer Gruppe bauen wir im Advent in gleicher Weise wie oben beschrieben einen **Leuchter mit vier Kerzen.** Mit den Kindern messen wir aus, wie groß das Brett sein muss, damit alle Kerzen Platz haben, und wie groß es sein darf, damit es nicht zu viel Platz braucht. Solch ein „Kerzenbrett" kann nach dem Bemalen oder Lasieren nach Wunsch auch noch mit kleinen Zweigen, Zapfen usw. dekoriert werden.

Bei brennenden Kerzen immer besonders auf Sicherheit achten!

Kleine Geschenke zu Ostern

Ostereier

Ausgeblasene Eier bemalen unsere Kleinsten am liebsten mit Fingerfarben, oder sie kleben Schnipsel auf.
Ähnlich wie bei den Weihnachtskugeln (s. S. 94) wählen wir zur Jahreszeit passende Motive für das Seidenpapier aus – Blumen, Marienkäfer usw. – oder einfach helle, bunte Farben.
Übrigens: Für diese Arbeit verwenden wir auch bei den Kleinsten **echte ausgeblasene Hühnereier** und keine

aus Kunststoff. Trauen Sie den Kindern zu, schon früh mit Achtsamkeit Dinge behandeln zu können! Ganz selten nur ging bisher ein Ei bei uns zu Bruch – eine wertvolle Erfahrung und der Ansporn für die Kinder, noch sorgsamer mit diesen zerbrechlichen Gegenständen umzugehen!

Osterkerzen

Haben die Kinder eine Osterfeier in der Kirche erlebt, kennen sie die große, festliche Osterkerze, die mit christlichen Symbolen und Zeichen geschmückt ist.
Die Osterkerzen, die wir mit den Kindern basteln, die oft aus verschiedenen Kulturen kommen, sind einfach bunt und fröhlich und entsprechen dem Erfahrungsbereich der Kleinen. Sind die Kinder allerdings, auch von zu Hause her, mit dem christlichen Glauben vertraut, kann das Kreuz einen zentralen Platz auf der Kerze bekommen.
Aus dünnen bunten **Wachsplatten** schneiden die Kinder mit einem stumpfen Messer kleine Stücke und Streifen ab, die auf eine weiße **Stumpenkerze** gedrückt werden und dadurch kleben bleiben. Auch kleine Kugeln, die wir zwischen den Fingern formen, drücken wir auf. Manchmal muss der Erwachsene allerdings mithelfen, wenn die Kleinen noch nicht genug Kraft in den Fingern haben.

Variationen:

- Es gibt sehr kleine **Ausstechformen,** z.B. Blüten und Herzen. Als einzelnes Motiv wirkt eine aus einer Wachsplatte ausgestochene „perfekte“ Form reizvoll. Schade wäre es aber, wenn die Dekoration nur aus solchen „Schablonen“ bestehen würde. Es geht ja doch um die Individualität der Kinder und ihrer Werke!
- Eine **grüne Stumpenkerze** symbolisiert schon durch ihre Farbe den Frühling. Als Untergrund für viele helle Farbtöne – hier passt auch weiß – bringt sie fröhliche Lebendigkeit auf den Ostertisch.

Geschenke für verschiedene Anlässe

Auch wenn wir am liebsten Bilder, Bauten und Geschenke von Grund auf selbst herstellen und damit die Kinder schon früh ermutigen wollen, auf eigene Fertigkeiten und Ideen zu vertrauen, greifen wir manchmal – gerade bei den Kleinen – doch gerne auf Vorbereitetes zurück, das wir selbst nicht bereitstellen können oder was uns viel Arbeit erspart. Trotzdem bleibt noch jede Menge Freiraum zum Gestalten.

Holzrohlinge gestalten

In Bastelgeschäften und Katalogen gibt es ein großes Angebot an **Holzrohlingen,** die individuell bemalt oder beklebt werden können: Holzkästchen und Spandosen, Kleiderbügel und Türschilder, Kerzenständer (s. S. 95), Stiftehalter und vieles mehr. Wir bemalen sie deckend oder mit Lasur, sie können bedruckt oder auch mit den verschiedensten Dingen beklebt werden. Holzkästchen, bemalt und zusätzlich mit kleinen Edelsteinen oder Glasmosaik verziert, sind richtige Schatzkästchen, über die sich sicher jeder freut!

Textile Geschenke

Auch die fertig genähten textilen Angebote aus **Naturstoff** sind willkommene Ausgangsprodukte für Geschenke. Baumwolltaschen, Platzdeckchen, Schürzen und Kissenhüllen bieten sich als nützliche Geschenke an, die – unverwechselbar gestaltet – den meisten Eltern viel Freude machen. Mancher ist froh, wenn die Basteleien der Kinder nicht nur herumstehen oder liegen, sondern wirklich verwendet werden können.

Für kleine Kinder sind **Stoffmalkreiden** gut geeignet. Jede bunte Kritzelei sieht wie ein kleines Kunstwerk aus!
Die flüssige Farbe dagegen wirkt oft „verschmiert", wenn die Kinder noch nicht so gut mit dem Pinsel umgehen können und auch die richtige Farbdosierung Schwierigkeiten bereitet.

Wir verwenden diese Farbe aber zum **Stempeln.**
Deckchen sehen z. B. genauso schön aus, wenn bunte Tupfen (mit Korken als Druckstock) den Rand verzieren, kunterbunt über den Stoff verteilt sind oder als zweifarbige Blüten auf den Deckchen leuchten.

Beim Malen und Drucken auf Stoff beachten Sie bitte:

- Naturstoffe müssen vor dem Bemalen bei 60° Grad gewaschen werden, da sie meist Appretur enthalten und die Farbe dann nicht gut annehmen.
- Damit die Kinder problemlos malen können, muss der Stoff gut gespannt werden (z. B. mit Reißnägeln auf einer Holzplatte).
- Bei doppelten Stoffen (z. B. Kissenhüllen) unbedingt eine Pappe zwischen die beiden Stoffschichten schieben, damit die Farbe nicht durchdrückt.

Kreativität und Lebensfreude

Der mich erschaffen hat
nach seinem Ebenbild,
will, dass auch ich
zum Schöpfer werde.
Es gibt genug zu tun –
und alles liegt in mir.
Er gab mir alles mit,
um kreativ zu sein
und schenkte mir dazu
die Lebensfreude.

Anhang

Zum Thema „Naturfarben“

Herzlich bedanken möchte ich mich bei Roland Geiger, der mir in seiner Fortbildung viel Wissenswertes beigebracht hat, und der mir auch das Rezept für die Kaseinfarben zur Verfügung gestellt hat.
Beim Versand- und Einzelhandel „Geiger Naturprodukte“ (www.geiger-natur.de) erhalten Sie nicht nur Pigmente, sondern manch anderes, was Sie für die kreative Arbeit mit Kindern sinnvoll einsetzen können. Die Rezepte für Naturfarben werden natürlich mitgeliefert.

Kreatives Gestalten in der Natur

Leider ist in diesem Buch nicht genug Platz, um auf die vielen Möglichkeiten einzugehen, die wir in der Natur zum Gestalten haben. Vielleicht ist Ihnen „Land-Art“ ein Begriff. In wunderschönen Büchern (s. unten) können Sie sich dazu Anregungen holen. Sind Sie und Ihre Kinder gerne draußen unterwegs, werden aber sicher bald eigene Ideen entstehen – sie liegen als kostenloses Material auf Wald- und Wiesenwegen und wachsen uns in der Natur einfach entgegen!

Empfehlungen aus meinem Bücherregal

Da es für mich selbst immer wieder anregend ist, in schönen Büchern zu blättern und mich in sie zu vertiefen, möchte ich Ihnen einige Titel mit auf Ihren kreativen Weg geben.
Es sind nicht unbedingt weitere Gestaltungsvorschläge. Vielmehr sind es Bücher, die (hoffentlich auch Sie!) neugierig machen, zu neuen Sichtweisen ermutigen und einfach die Lust wecken, aktiv und kreativ zu sein!

Rudolf Seitz: **Kreative Kinder.** Das Praxisbuch für Eltern und Pädagogen, Kösel Verlag 2009
Dies ist nur eines von den vielen Büchern von Rudolf Seitz, dem viel zu früh verstorbenen Professor an der Kunstakademie in München und engagierten Kunstpädagogen, der viel mit Kindern arbeitete. In seinen Werken habe ich viele meiner Vorstellungen über die kreative Arbeit mit Kindern wieder gefunden, und in seinen Büchern zu lesen macht mir immer wieder Freude und regt mich an.

Rudolf Seitz: **Kunst in der Kniebeuge,** Don Bosco Medien (vergriffen)

Andreas Güthler, Kathrin Lacher: **Naturwerkstatt Landart**. Ideen für kleine und große Naturkünstler, AT Verlag 2005

Christine Richter: **Jeder ist ein Künstler**. 30 Wege dorthin, Prestel Verlag 2005

Petra Beutl: **Fühl das Rot und sieh das Blau**. Mit Kindern die Welt der Farben entdecken, Christophorus Verlag 1998

Arno Stern: **Wie man Kinderbilder nicht betrachten soll**, Zabert Sandmann 2012

Weitere Bücher von Ingrid Gnettner

96 Seiten, farbige Illustrationen,
Notensatz, inkl. Musik-CD
ISBN 978-3-7698-1975-5

112 Seiten, farbige Illustrationen,
Notensatz
ISBN 978-3-7698-1950-2

96 Seiten, farbige Illustrationen,
Notensatz
ISBN 978-3-7698-1855-0

96 Seiten, farbige Illustrationen,
Notensatz, inkl. Musik-CD
ISBN 978-3-7698-1880-2

96 Seiten, farbige Illustrationen
ISBN 978-3-7698-1905-2

96 Seiten, farbige Illustrationen
ISBN 978-3-7698-1840-6

Krippenkinder betreuen und fördern

Sinnesspiele-Buch

96 Seiten, farbige Illustrationen, Notensatz
ISBN 978-3-7698-2021-8

Neue Tanz- und Bewegungsspiele

104 Seiten, farbige Illustrationen, Notensatz
ISBN 978-3-7698-1906-9
CD zum Buch:
ISBN 978-3-7698-1907-6

Klanggeschichten für Krippenkinder

104 Seiten, farbige Illustrationen, Notensatz
ISBN 978-3-7698-1837-6

Kompakte Informationen für ErzieherInnen und Eltern

88 Seiten, Farbfotos
ISBN 978-3-7698-1839-0

Mit Reihengeschichten, Lautgeschichten, Erzählkittelchen

96 Seiten, farbige Fotos und Illustrationen, inkl. CD-ROM
ISBN 978-3-7698-1838-3

Rituale, Spiele und Lieder für Krippe, Kita und Eltern-Kind-Gruppen

112 Seiten, farbige Illustrationen, Notensatz, inkl. Musik-CD
ISBN 978-3-7698-1866-6

Entwicklungsförderung mit kinesiologischen Spielen

96 Seiten, farbige Illustrationen
ISBN 978-3-7698-1881-9

Beobachten – Erkunden – Verstehen

96 Seiten, farbige Illustrationen
ISBN 978-3-7698-1854-3

www.donbosco-medien.de

DON BOSCO

LEBENDIG. KREATIV. PRAXISNAH.